Inhalt

Vorwort

Liebe Schülerin, lieber Schüler!

Du hast hier ein Buch zum Lernen, Wiederholen und Üben in der Hand.
Die Themen sind in kleinen, verständlichen Schritten aufbereitet.
An vielen Stellen kannst du selbst in das Buch hineinschreiben.
Kontrolliere deine Ergebnisse mit dem Lösungsheft.

Mit diesem Buch kannst du auf *zweierlei Weise* arbeiten:

1. **Möglichkeit:**
   Du fühlst dich insgesamt in Deutsch unsicher. Dann arbeite das Buch von vorne bis hinten durch. Nimm dir nicht zu viel auf einmal vor. Bearbeite lieber kleinere Abschnitte, aber dafür regelmäßig, vielleicht sogar täglich.

2. **Möglichkeit:**
   Du kennst deine Lücken. Du weißt, bei welchen Aufgabenstellungen du noch unsicher bist. Dann sieh im Inhaltsverzeichnis nach, picke einzelne Abschnitte heraus, und arbeite sie durch.

Und noch einige praktische Tipps zum Lernen mit diesem Buch:

- Verwende zum Eintragen ins Buch einen Bleistift. Fehler kannst du dann leichter ausbessern.
- Bist du dir beim Lösen der Übungsaufgaben nicht ganz sicher, sieh dir die Beispiele noch einmal genau an.
- Vergleiche deine Ergebnisse mit dem Lösungsheft.
  Überprüfe bei Fehlern immer genau, was du falsch gemacht hast.
- Bearbeite die Übungsaufgaben nach einigen Tagen noch einmal.
  So kannst du zusätzliche Sicherheit gewinnen.

Die *Symbole* am Seitenrand bedeuten:

Wichtige Regel: Präge sie dir genau ein.

Übungsaufgabe: Löse sie im Buch oder in einem separaten Heft.

Test: Überprüfe, ob du den Stoff dieses Kapitels schon beherrschst.

Wichtige **Tipps** für das **Schreib-** und **Lese**training

Das folgende Training ist besonders wichtig. Du lernst dadurch Methoden kennen, mit denen du selbstständig Fehler beim Schreiben und Lesen abstellen kannst. So wird deine Rechtschreibung immer besser.

Tipp 1: Das **Alphabet** beherrschen

Beherrschst du die Abc-Ordnung, das Alphabet?

Übung 1

Der folgende Abc-Text ist durcheinandergeraten. Schreibe ihn nach der alphabetischen Reihenfolge richtig auf und kreise die Anfangsbuchstaben ein.

2 3 4 5 1

brummige, Colatrinker, unmäßig, dösen, eigensinnig, acht, verblüffen, Zwillinge,

Yorker, nuckeln, Milch, lecken, Orangen, piepsen, gerissen, flunkern, schaurig,

rasseln, toben, irrsinnig, heulen, kläglich, jaulen, quiekend, wackere, x-beinige

(a)cht	(b)rummige	
	,	
,		,
	,	
,		,
	,	
,		,
	.	

Übung 2

Überprüfe jetzt selbst, ob du das Abc auswendig kannst.

Welcher Buchstabe steht hinter f? ___

Welcher Buchstabe steht hinter k? ___

Welcher Buchstabe steht vor r? ___

Zwischen welchen Buchstaben steht m? ___ m ___

Zwischen welchen Buchstaben steht u? ___ u ___

Welche beiden Buchstaben kommen hinter g? ___ ___

Welche drei Buchstaben stehen vor t? ___ ___ ___ t

Tipp 2: **Vokale** und **Konsonanten** unterscheiden

Du weißt, dass es **Vokale** (Selbstlaute) und **Konsonanten** (Mitlaute) gibt.

!

Zu den Vokalen gehören:
- die Laute: **a, e, i, o, u**
- die Umlaute: **ä, ö, ü, äu**
- die Doppellaute (Zwielaute, Diphthonge): **au, ei, ai, eu, äu**

Zu den Konsonanten gehören die anderen Buchstaben des Alphabets.

Übung 3

Schreibe die Konsonanten auf: b, c, d, ______________________________

____

Übung 4

Ohne Vokale (Selbstlaute) kann man aber die Konsonanten (Mitlaute) nicht aussprechen. Ergänze drei weitere Beispiele.

be, ce, ha, ______________________________

Übung 5

Ohne Vokale ist es auch schwierig, einen Text zu sprechen. Welcher Vokal fehlt in dem folgenden Text? Schreibe die fehlenden Buchstaben über die Wörter.

Disr mil!

All Wttr! Da hatt Tant rnas Nff mil rst dn T auf dn Prsrtppich gschütt, dann di lckrn Kks zrbröslt und damit di Goldfisch gfüttrt. Mit sinr Ttass fischt r anschlißnd in glitschig Alg aus dm Aquarium und lgt si auf dn Sssl sinr Tant, di grad in dr Küch war. Da klinglt s. mil ging infach ans Tlfon. s war sin Onkl Brt; dn nannt r inn Risndpp, bvor r schnll widr dn Hörr auflgt.

Am nd bkam r abr in Donnrwttr zu hörn!

Tipp 3: Das **Wörterbuch** nutzen

Im Wörterbuch sind die Wörter nach dem Abc geordnet.

Übung 6

Stelle die Abc-Ordnung folgender Wörter her, indem du sie in der richtigen Reihenfolge nummerierst.

- [ ] kommen
- [ ] vergessen
- [ ] Topf
- [ ] heute
- [ ] Rasen
- [1] Aufseher

Übung 7

Stelle durch Nummerierung im Kästchen die richtige Reihenfolge der Wörter her. Achte darauf, ob es bei der Reihenfolge im Wörterbuch um den 2., 3. oder 4. Buchstaben geht.

☐ Meise
☐ Mode
☐ Matratze
☐ Mücke
☐ Mittelmeer

☐ Segel
☐ Seite
☐ sesshaft
☐ Serum
☐ Sekte

Hier wird es noch schwieriger:

☐ Vorteil
☐ Vorstellung
☐ Vorstand
☐ Vorsprung
☐ Vorstrafe

Tipp 4: Die richtige Schreibung **einprägen**

Um dir die richtige Schreibung fest einzuprägen, musst du genau hinsehen und sorgfältig schreiben.

Übung 8

In den Buchstabenreihen hat sich jeweils ein Wort versteckt, das etwas mit Schule zu tun hat.

PLADEUNTERRICHTFKOLM ______________________

DFJLPAUSEKMXYZ ______________________

KRSLEHRERTUVHO ______________________

DHJFLKLASSEEFK ______________________

Übung 9

Ordne die folgenden Wörter den Buchstaben-Konturen zu und trage sie ein:
Hals, Zeitung, Nachricht, Auto, vergessen, Garage.

Übung 10

Wer findet die kleinen Wörter wieder? Sie haben höchstens vier Buchstaben und sind in anderen Wörtern versteckt.

ein	–	beeindrucken	mit	–	vermitteln
die	–	verdienen	vier	–	vervierfachen
in	–	beginnen	vor	–	hervorkommen
viel	–	vielleicht	weg	–	bewegen

Tipp 5: **Deutlich** sprechen, genau **hinhören**

Übung 11

Verbinde die Wortpaare, damit du die unterschiedliche Bedeutung der Wörter heraushörst.

die Rate — die Ratte

der Schall

das Bett

der Wal

der Ofen

der Schal

das Beet

der Wall

offen

Kennzeichne den lang ausgesprochenen Vokal durch einen Strich und den kurzen Vokal durch einen Punkt.

Übung 12

Setze ein: ***d*** oder ***t***, ***ss*** oder ***s***. Ein Wort der Wortpaare ist jeweils abgebildet.

__anken – __anken

Ha__en – ha__en

__orf – __orf

Ro__e – Ro__e

Tipp 6: Verlängern, ableiten, verwandte Wörter suchen

Übung 13

Leite die Schreibung der farbig gedruckten Buchstaben ab. Du kannst
- bei Nomen (Namenwörtern) den Plural bilden
- bei Verben den Infinitiv (die Grundform) oder eine andere Form bilden
- bei Adjektiven verlängern
- bei allen Wortarten ein verwandtes Wort der Wortfamilie suchen

d oder t? b oder p? g oder k? ä oder e?	verlängerte, abgeleitete und verwandte Wörter
das Kind	die Kinder
sie schweigt	schweigen
er legt	sie legen
die Feindschaft	
der Rand	
freundlich	
der Hut	
der Weg	
die Fähre	
grob	
er flog	
gelb	
sie parkt	
klären	
der Staub	
die Schublade	
das Getränk	

Tipp 7: Regeln und grammatisches Wissen anwenden

Die folgenden „Eselsbrücken“ sind dir als Merkhilfe sicher bekannt.

! Trenne nie ***ch*** und ***sch***, denn die beiden sind ein Paar!

Übung 14

Mache einen Trennungsstrich.

D u/s c h e   K u c h e n   l a c h e n   h u s c h e n   H e r r s c h a f t   k i c h e r n

! Nach ***l, m, n, r,*** das merke ja, steht nie ***tz*** und nie ***ck***.

Übung 15

Setze ein: ***tz*** oder ***z***, ***ck*** oder ***k***?

Sal___, Her___, ran___ig, La___, Bä___er, Par___, Ta___e, Im___er, win___ig,

lo___er, le___en, tan___en, har___en, Fe___en

Die folgende Regel hat etwas mit Grammatik zu tun.

! Nomen (Namenwörter) werden großgeschrieben.

Übung 16

Setze vor die Nomen einen Artikel, streiche den falsch geschriebenen Anfangsbuchstaben durch und schreibe den richtigen darüber.

________ läuft	________ pferd	________ hund
________ gefleckt	________ auf	________ katze
________ bellte	________ frisst	________ groß
________ bissig	________ mit	________ lineal

Tipp 8: **Ausnahmen** einprägen

Übung 17

Verbinde die gleich oder ähnlich gesprochenen, aber unterschiedlich geschriebenen Wortpaare. Setze bei den Nomen den passenden Artikel davor.

lehren — der Wal

die Wahl — ___ Boote — leeren

___ Bote — ___ Uhr — ___ Bären

fiel — bohren

viel — ___ Beeren — geboren

malen — ___ Urwald — mahlen

Übung 18

Die Bilder verweisen auf jeweils eins der beiden gleich oder ähnlich gesprochenen Wörter von Übung 17. Schreibe das passende Wort zu dem jeweiligen Bild.

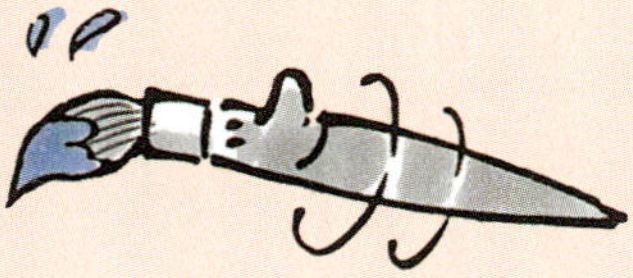

Übung 19

Kreise in den Wörtern jeweils die schwierig zu schreibenden Buchstaben und Buchstabenverbindungen ein.

Textilien	Klecks	Eidechse	Physik
Behauptung	Knirps	Klempner	
Advent	Vase	vielleicht	

Ich übe schwierige Wörter zum Beispiel so:
- Die Wörter in einem Satz anwenden
- Zu jedem Wort ein verwandtes Wort suchen, zum Beispiel: Physiklehrer, Physikunterricht

Übung 20

Suche zu den folgenden Wörtern jeweils ein verwandtes Wort wie im Beispiel. Achte bei den Nomen auf die Großschreibung.

Bär – Eisbär	Boot – ______
malen – ______	Uhr – ______
lehren – ______	Beere – ______
bohren – ______	

Leicht **verwechselbare** Vokale (Selbstlaute): ***ä*** und ***e***

Übung 1

Erkläre die Schreibung der unterstrichenen Wörter mit ***ä*** durch ein Wort mit ***a***, das du in die Klammern schreibst.

Der Apfel fällt (____________________) nicht weit vom Stamm.

Wenn die Hähne (____________________) krähen auf dem Mist,

ändert (____________________) sich das Wetter oder es bleibt, wie es ist.

Die Geschmäcker (______________________________) sind verschieden.

Wer andern eine Grube gräbt (____________________),

fällt (____________________) selbst hinein.

Ein Wort schreibt man meistens mit ***ä***, wenn es eine **andere Form** oder ein **verwandtes Wort** mit ***a*** gibt.

Übung 2

Stelle die zusammengehörigen Wörter aus den beiden Kästen zusammen.

~~ändern~~	Stadt
hätte	Gespräch
lärmen	ängstlich
gegenwärtig	
Ärgernis	Kraft

Alarm	kräftig
Sprache	
Gegenwart	~~anders~~
arg	städtisch
Angst	hatte

ändern – anders,

Übung 3

Suche zu den Wörtern andere Formen des Worts mit ***a*** oder verwandte Wörter mit ***a***.

die Wände – die Wand

die Hände – die Hand, handlich

kälter –

die Bände –

älter –

gefährlich –

das Gespräch –

ändern –

wir wären –

Übung 4

Entscheide: ***ä*** oder ***e***. Schreibe bei den Wörtern mit ***ä*** ein passendes Wort mit ***a*** darunter.

die ☐rmel	sie f☐hrt	die M☐nge	das M☐sser
__________	__________	__________	__________
die L☐nge	sie l☐sst	die G☐ste	er h☐tte
__________	__________	__________	__________

Dies sind **Lernwörter mit *ä***, die man sich gut einprägen muss.
Man findet hierzu keine verwandten Wörter mit ***a***.

allmählich, krähen, Lärm, mähen, nämlich, spät

Übung 5

Zeichne zu diesen Wörtern ihre Umrisse und trage die einzelnen Buchstaben ein. Wenn du dir nicht sicher bist, wie du die passenden Umrisse zeichnen kannst, schau noch mal auf Seite 10 nach.

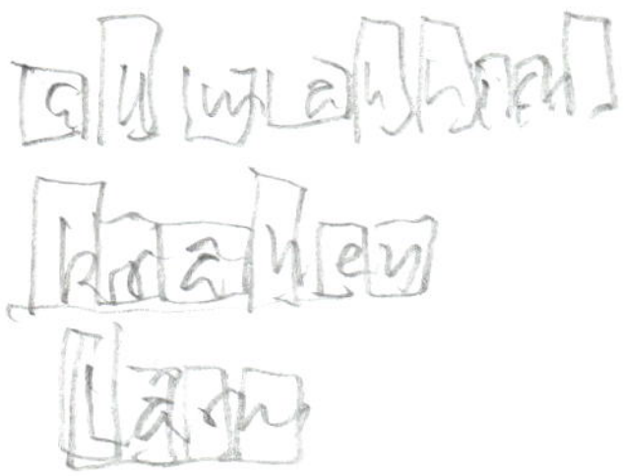

Leicht **verwechselbare** Doppellaute: ***äu*** und ***eu***

Die Schreibung von Wörtern mit ***äu*** kann man meistens von verwandten Wörtern mit ***au*** ableiten.

Übung 1

Suche zu den Wörtern mit ***äu*** das jeweils verwandte Wort aus dem anderen Kasten.

geräumig	Häuptling
Säure	häuten
säubern	gläubig
Wiederkäuer	
einräuchern	aufgehäuft
Zäune	Verkäuferin

Rauch	kauen
Haut	Haupt
Haufen	Zaun
verkaufen	
sauer	Glaube
Raum	sauber

Schreibe die Wörter auf und stelle dabei gegenüber.

Verkäuferin – verkaufen
____
____
____

Übung 2

Suche zu den folgenden Wörtern mit ***eu*** verwandte Wörter und schreibe sie auf.

teuer	– Teuerung	Zeuge	– ________
deutsch	– ________	Reue	– be________
freundlich	– ________	neu	– ________
Feuer	– ________	heute	– am h________ Tag

Übung 3

Setze ***eu*** oder ***äu*** richtig ein.

Gestern brach auf einem b____erlichen Anwesen ganz in unserer Nähe ein F____er aus. In einer Sch____ne hatte sich das Stroh entzündet. Ich war mit meinem Fr____nd gerade vom Schwimmbad gekommen. Da sahen wir, dass die ganze Gegend schon richtig einger____chert war. Viele L____te standen herum und schauten n____gierig zu. Die F____erwehrmänner hatten die Wasserschl____che angeschlossen. Einige B____me neben dem Brandherd sah man gar nicht mehr, so dicht war der Qualm. Auch das Nebengeb____de des Hofes und die umliegenden Wohnh____ser konnte man kaum noch erkennen. Den F____erwehrmännern gelang es aber schnell, das F____er einzudämmen. Als ich h____te Morgen zur Schule ging, stieg noch immer etwas Rauch von der Brandstelle hoch.

Übung 4

In der folgenden Wörterschlange sind vier Lernwörter mit ***äu*** versteckt.
Du musst dir ihre Schreibung gut merken, weil man bei diesen Wörtern die Schreibung nicht erklären kann.
Schreibe die Wörter heraus, achte auf Groß- und Kleinschreibung und setze bei den Nomen den bestimmten Artikel dazu.

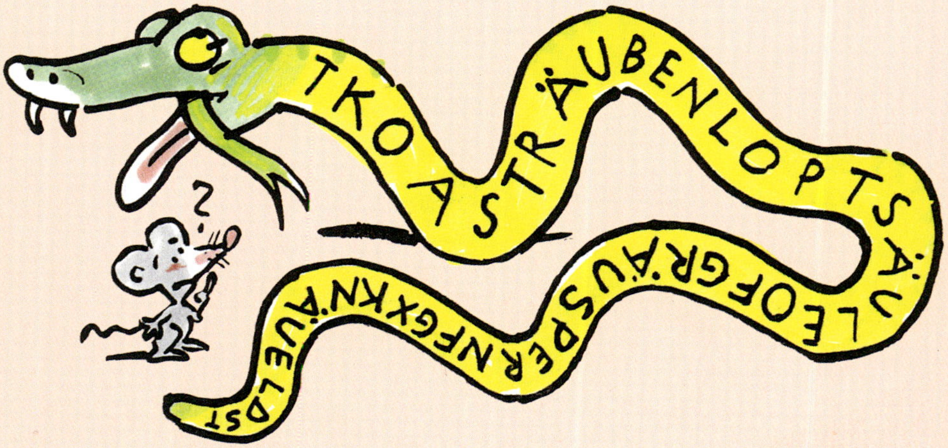

Buchstabenrätsel

Findest du die Lösungswörter mit ***äu*** oder ***eu***?

dient zum Abtrennen eines Grundstücks (Mehrzahl)

reinigen

wenn ein Raum groß ist, ist er …

nicht billig

anderes Wort für: nett

eine Frau, die etwas verkauft, ist eine …

stützender runder Bauteil

Teile einer Wohnung

sehr oft

Leicht **verwechselbare** Konsonanten: ***b/p, g/k, d/t***

Bei den folgenden Wörtern kann man den Endbuchstaben nicht heraushören.
Dieb? Diep? Krieg? Kriek? Walt? Wald?

Übung 1

Bilde die Pluralform des Nomens, damit du heraushören kannst, wie der letzte Buchstabe des Wortes im Singular geschrieben werden muss.

der Dieb – die Diebe
der Krieg – ____________
der Wald – ____________
der Held – ____________
das Zelt – ____________
der Berg – ____________
das Sieb – ____________

Streiche jetzt oben das jeweils falsch geschriebene Wort durch.

Dies sind Möglichkeiten, wie man die Schreibung leicht verwechselbarer Konsonanten erklären kann.

Möglichkeit 1: Verlängere das Wort, indem du den Plural (Ra**d** – Räder) oder eine andere Form bildest (gel**b** – gel**b**e / gro**b** – grö**b**er).

Möglichkeit 2: Bilde bei Verben den Infinitiv (die Grundform) oder eine andere Verbform (er schlu**g** – schla**g**en – sie schlu**g**en).

Möglichkeit 3: Suche ein verwandtes Wort (anfan**g**s – anfan**g**en/ schä**d**lich – Scha**d**en).

Übung 2

Setze die fehlenden Buchstaben ein. Nutze als Hilfe eine der drei Möglichkeiten. Schreibe ein Wort auf, das die Schreibung erklärt, und schreibe rechts am Rand, welche Möglichkeit du genutzt hast.

Ber__kuppe Berge 1
Bun__papier ____________
Ban__schalter ____________
Par__platz ____________

Geschen__papier ____________________

Lei__planke ____________________

Wal__weg ____________________

Fun__büro ____________________

Fei__heit ____________________

erfol__reich ____________________

Len__stange ____________________

mer__würdig ____________________

Bun__falte ____________________

Wir__schaft ____________________

San__grube ____________________

Ban__wurm ____________________

run__lich ____________________

geschei__ ____________________

ro__ ____________________

klu__ ____________________

! Dies sind **Lernwörter**, die man sich **merken** muss, weil man sie nicht ableiten kann:
Erbse, ob, obgleich, Obst, Rebhuhn, Publikum, Krebs, Behauptung, Angst, weg, Magd, Ereignis, Hengst, Smog, eigentlich, Schlips, Gips, Knirps, September, Herbst

So könntest du diese Wörter üben:

- abschreiben
- nach dem Alphabet aufschreiben
- Sätze bilden, in denen sie vorkommen
- verwandte Wörter suchen und Zusammensetzungen bilden

(Ereignis – sich ereignen, ereignisreich;
Erbse – Erbsensuppe, Knallerbse)

Das Nomen/Substantiv (Namenwort/Hauptwort)

Wie man Nomen **erkennen** kann

Übung 1

In diesem Text fehlen Nomen. Setze passende Nomen aus der Liste links in die Lücken ein. Achte darauf, dass sie zu ihrem Begleiter passen.

Schnecke
Flasche
Schnecke
Jahre
Öffner
Durst
Wüste
Zeit
Zufall
Stein
Flaschen-
öffner
Schnecke
Gefährtin
Hügel

Die beiden Schnecken

Eine ______________ wanderte mit einer ______________ schon seit ein paar Jahren durch die ______________ .
Mit der ______________ kriegen sie einen furchtbaren ______________ . Da sehen sie im Sand eine volle ______________ Wasser. Sie stürzen sich, so gut sie noch können, darauf.
Aber wie es der ______________ will, haben sie beide keinen ______________ dabei. Nun losen sie ein Jahr lang aus, wer von beiden den Öffner holen soll. Eine muss dann wirklich loskriechen.
Es vergehen wiederum ein paar ______________ , doch die ______________ kommt und kommt mit dem ______________ nicht wieder. Da versucht die zurückgebliebene Schnecke mit einem ______________ , die Flasche zu öffnen. Doch schon taucht hinter dem nächsten ______________ die andere ______________ auf und ruft: „Hab ich es mir doch gedacht. Aber wenn du so anfängst, dann geh ich gar nicht erst los."

Nomen/Substantive schreibt man groß. Man erkennt sie daran, dass ein Begleiter bei ihnen steht. Dieser Begleiter ist besonders oft der Artikel (*der, die, das, ein, eine*).
Wenn das Nomen keinen Begleiter hat, kannst du probieren, ob du einen bestimmten Artikel (*der, die, das*) davorsetzen kannst (Artikelprobe).

Übung 2

Probiere, welcher Artikel (***der, die*** oder ***das***) zu den einzelnen Nomen aus der Übung 1 passt. Schreibe die Nomen mit ihrem Artikel auf ein Blatt.

Oft haben Nomen im Satz andere Begleiter als den Artikel.

Begleiter: dieses, dieser, mein, alle, welche, unser, seine, kein, keine

Nomen: Regen, Katze, Haus, Fahrrad, Maus, Häuser, Unwetter, Garten, Hund, Menschen, Bank, Rose, Klugheit

Übung 3

Suche für zehn Nomen einen passenden Begleiter wie im Beispiel.

seine Katze, ____________________

____

____

____

Übung 4

Unterstreiche in diesem Text alle Nomen. Wenn du unsicher bist, mache die Artikelprobe.

EIN MANN STEIGT MIT SEINEM RIESENSCHNAUZER IN DEN OMNIBUS. „ZWEI ERWACHSENE, DAS MACHT VIER EURO“, SAGT DER BUSFAHRER UND HÄLT SEINE HAND AUF. „DAS FINDE ICH ABER EIN STARKES STÜCK“, BESCHWERT SICH DER FAHRGAST, „WENN ICH ABER FÜR MEINEN HUND SCHON SO VIEL BEZAHLEN MUSS, DANN KANN ER IM BUS AUCH EINEN SITZPLATZ BEANSPRUCHEN!“ „KANN ER“, ERWIDERT DER SCHAFFNER UNGERÜHRT. „MIT DEN FÜßEN DARF ER ALLERDINGS NICHT AUF DEN SITZ!“

Zur Kontrolle: Der Text hat 15 Nomen. Findest du 13 , bist du schon recht gut.

Rätsel

Mit diesen Rätseln kannst du überprüfen, ob du bisher alles verstanden hast. Denke daran: Das erste Wort im Satz wird großgeschrieben. Nomen werden großgeschrieben.

Korrigiere die vier Rätsel nach den Regeln der Rechtschreibung. Schreibe sie richtig daneben. Schreibe auch das Lösungswort dazu.

erst weiß wie schnee, ____________________
dann grün wie klee, ____________________
dann rot wie blut, ____________________
schmeckt allen gut. ____________________
was ist das? ____________________
(Lösung: ehcsriK) ____________________

vorn wie eine gabel, ____________________
in der mitte wie ein fass, ____________________
hinten wie ein besen. ____________________
was ist das? ____________________
(Lösung: huK) ____________________

weiß wie kreide, ____________________
leicht wie flaum, ____________________
weich wie seide, ____________________
feucht wie schaum. ____________________
(Lösung: ekcolfeenhcS) ____________________

ich saufe blaues bier, ____________________
lauf schlittschuh auf papier. ____________________
(Lösung: retlahllüF) ____________________

Nomen und Artikel lassen sich **deklinieren** (beugen)

Je nachdem, welche Rolle ein Nomen im Satz spielt, wird es dekliniert, das heißt gebeugt.
Deklinieren heißt: Ein Nomen/Substantiv lässt sich, zusammen mit dem Artikel, in die vier Fälle setzen.
Mit diesen Fragewörtern kannst du die vier Fälle erfragen.

1. Fall (Nominativ): **Wer? Was?**
2. Fall (Genitiv): **Wessen?**
3. Fall (Dativ): **Wem?**
4. Fall (Akkusativ): **Wen? Was?**

Übung 5

Setze jeweils den passenden bestimmten Artikel ein.

der Beginn ____________ Tages
____________ Aufführung
____________ Spiels

Wessen Beginn?
(Genitiv, Singular)

Er hilft ____________ Onkel.
____________ Tante.
____________ Kind.

Wem hilft er?
(Dativ, Singular)

Er sieht ____________ Gehege.
____________ Löwen.
____________ Giraffe.
____________ Nilpferd.

Wen/Was sieht er?
(Akkusativ, Singular)

Überblick: Deklination (Beugung) von Nomen und bestimmtem Artikel

Numerus (Anzahl)	Kasus (Fall)	Frage	Genus (grammatisches Geschlecht)		
			Maskulinum	Femininum	Neutrum
Singular (Einzahl)	1. Fall: Nominativ	wer? was?	der Mann	die Frau	das Kind
	2. Fall: Genitiv	wessen?	des Mannes	der Frau	des Kindes
	3. Fall: Dativ	wem?	dem Mann	der Frau	dem Kind
	4. Fall: Akkusativ	wen? was?	den Mann	die Frau	das Kind
Plural (Mehrzahl)	1. Fall: Nominativ	wer? was?	die Männer	die Frauen	die Kinder
	2. Fall: Genitiv	wessen?	der Männer	der Frauen	der Kinder
	3. Fall: Dativ	wem?	den Männern	den Frauen	den Kindern
	4. Fall: Akkusativ	wen? was?	die Männer	die Frauen	die Kinder

Übung 6

Setze in den Lücken den **bestimmten Artikel** im richtigen Kasus (Fall) ein.

Tina schenkt ______ Kind einen Dauerlutscher.

______ Männer kommen langsam näher.

Paula hilft ______ Frau beim Tragen.

Heute kommt ______ Kind zum Spielen.

Goran gibt ______ Kind ______ Buch zurück.

Vanessa zeigt ______ Frauen ______ Weg.

Das Gesicht ______ Mannes wirkt freundlich.

Bestimme bei den Übungssätzen der Übung 6 jeweils den **Kasus** (Fall) mit Hilfe der passenden Frage.

Frage: **Wem** schenkt Tina etwas? Antwort: dem Kind (Dativ)

____

____

____

____

____

____

____

____

Übung 7

Der **unbestimmte** Artikel lässt sich nur im Singular deklinieren (beugen). Vervollständige die Zusammenstellung nach dem Muster der ersten Tabelle auf Seite 28.

Numerus	**Kasus**	Frage	**Genus**		
			Maskulinum	Femininum	Neutrum
Singular	1. ______	______			
	______	______	ein Mann	eine Frau	ein Kind
	2. ______	______			
	______	______	eines Mannes	einer Frau	eines Kindes
	3. ______	______			
	______	______	einem Mann	einer Frau	einem Kind
	4. ______	______			
	______	______	einen Mann	eine Frau	ein Kind

Plural: ohne Artikel (Männer, Frauen, Kinder)

Test

Setze in der angegebenen Reihenfolge die Nomen mit dem bestimmten oder unbestimmten Artikel im **richtigen Kasus** ein.

Die Teilung (1) der Beute (2)

Ein Löwe (3), ______ (4) und ______ (5) schlossen ______ (6) und gingen zusammen jagen. Als sie ______ (7) erlegt hatten, befahl ______ (8) ______ (9), er solle diese teilen. ______ (10) machte daraufhin drei gleiche Teile und antwortete ______ (11), er möge sich ______ (12), der ihm zustehe, selbst wählen. ______ (13) geriet darüber in Zorn und zerriss ______ (14). Darauf verlangte er von ______ (15), nun solle er teilen. Da schob ______ (16) fast die ganze Beute auf ______ (17) zusammen und ließ für sich nur ein paar Stücke übrig.

______ (18) lächelte zufrieden und fragte ______ (19): „Nun sage mir, was hat dich gelehrt, so richtig zu teilen?" ______ (20) antwortete: „______ (21) ______ (22)."

1 die Teilung	7 eine Beute	13 der Löwe	19 der Fuchs
2 die Beute	8 der Löwe	14 der Esel	20 der Fuchs
3 ein Löwe	9 der Esel	15 der Fuchs	21 das Schicksal
4 ein Esel	10 der Esel	16 der Fuchs	22 der Esel
5 ein Fuchs	11 der Löwe	17 ein Haufen	
6 ein Bund	12 der Teil	18 der Löwe	

Das Personalpronomen

❗ Personalpronomen bezeichnen stellvertretend Personen oder Sachen.

Übung 1

Ersetze die Ausdrücke von der linken Dose durch ein passendes Personalpronomen von rechts wie im Beispiel.

der bissige Hund – er

Überblick: Personalpronomen kann man deklinieren.

	1. Person	2. Person		3. Person		
		vertrau-liche Form	höfliche Form	männlich	weiblich	sächlich
Singular						
Nominativ (1. Fall)	ich	du	Sie	er	sie	es
Dativ (3. Fall)	mir	dir	Ihnen	ihm	ihr	ihm
Akkusativ (4. Fall)	mich	dich	Sie	ihn	sie	es
Plural						
Nominativ	wir	ihr	Sie		sie	
Dativ	uns	euch	Ihnen		ihnen	
Akkusativ	uns	euch	Sie		sie	

Übung 2

Unterstreiche im folgenden Text alle Personalpronomen.

Du solltest dir für deinen Hamster sinnvolle Beschäftigungen ausdenken. Zum Beispiel könntest du ihn dressieren. Wenn er hungrig genug ist, kannst du sein richtiges, erwünschtes Verhalten mit einem Nussstückchen belohnen. Diese Belohnung brauchst du ihm aber nur am Anfang zu geben, bis er weiß, was er soll, und dein Kommandowort versteht. So lernt er zum Beispiel, Männchen zu machen, auf eine kleine Leiter zu steigen und auf seinen Namen zu hören.

Übung 3

Setze passende Personalpronomen ein.

Hallo Partner, hallo Partnerin,

________ sammle Tierpostkarten und Tierposter! Leider habe ________ kein Tauschmaterial! Wer schickt ________ trotzdem etwas? Wer eine Brieffreundschaft mit ________ aufnehmen will und nicht schreibfaul ist, soll sich bei ________ melden. Meine Hobbys verrate ________ ________ im Brief! ________ werde in diesem Herbst elf Jahre alt und suche eine Brieffreundin von zehn bis 13 Jahren. Also ran an die Feder!

Übung 4

Dieser Text ist sprachlich nicht gelungen, weil sich einzelne Ausdrücke wiederholen. Ersetze deshalb die eingeklammerten Teile durch ein Personalpronomen. Schreibe es jeweils darüber wie im Beispiel.

Alle Schüler der Klassen 5 fahren zu Beginn des nächsten Schuljahres für eine Woche ins Schullandheim. (Die Schüler der Klasse 5) [Sie] haben schon Vorbereitungen getroffen. Das Schullandheim liegt auf Norderney. Vom Hafen aus ist (das Schullandheim) in einer halben Stunde Fußweg zu erreichen. Die Klassenlehrer haben bereits ein vorläufiges Programm abgesprochen. Weitere Ideen sollen (den Klassenlehrern) möglichst in schriftlicher Form übergeben werden. Das Freizeitprogramm gestalten Schüler und Lehrer. (Schüler und Lehrer) werden Spiele, Sport und Wanderungen anbieten. Auch der Sportlehrer wird die Klassen begleiten. (Der Sportlehrer) will ein Beachvolleyball-Turnier veranstalten. Für den letzten Abend soll sich jede Klasse ein Programm ausdenken. (Der letzte Abend) soll der Höhepunkt der Woche werden.

Alles klar?

Ersetze die unterstrichenen Ausdrücke durch ein Personalpronomen.
Achte auf den richtigen Fall.
Schreibe die passende Frage darüber wie im Beispiel:

Wer?		Wen?/Was?	Wem?
Petra	schenkt	das Bastelbuch	der kleinen Schwester.
Sie	schenkt	es	ihr.

Lars trifft sich mit seinem Freund.

____

Sonja und Bettina helfen den anderen Mädchen bei Mathe.

____

Die Kinder freuen sich auf die Ferien.

____

Der alte Mann hilft dem kleinen Kind.

____

Das Mädchen legt den Füllhalter weg.

____

____

Das Verb (Tätigkeitswort)

! Verben geben an, was getan wird und was geschieht.

Verben werden **klein**geschrieben

Übung 1

ICH HEIẞE MALENA. ICH BIN ELF JAHRE ALT UND BESUCHE DIE 5. KLASSE DER REALSCHULE IN HELMERSHAUSEN. IM UNTERRICHT SITZE ICH NEBEN MEINER BESTEN FREUNDIN TINA UND NEBEN JAKOB. JAKOB DISTELMEIER WOHNT IN UNSERER STRAẞE. NACHMITTAGS SPIELEN WIR OFT ZUSAMMEN. MANCHMAL FAHREN JAKOB UND ICH GEMEINSAM ZUR SCHULE. ER WARTET DANN IMMER VOR UNSEREM HAUS AUF MICH. JAKOB UND TINA VERSTEHEN SICH GANZ GUT. WENN ICH ALLERDINGS IN DER GROẞEN PAUSE NUR MIT TINA UND AYSCHE SPIELE, WIRD JAKOB MANCHMAL RICHTIG BÖSE. ICH WEIẞ DANN GAR NICHT, WAS MIT IHM LOS IST.

Unterstreiche alle Verben und schreibe sie heraus.
Beachte: Verben werden kleingeschrieben.

heiße, ______________________________

____

____

____

Verben können **konjugiert** (gebeugt) werden

!

Anzahlform	**Personalform** und **Zeitform** (Präsens)	
Singular	1. Person	– ich zeig**e**
	2. Person	– du zeig**st**
	3. Person	– er/sie/es zeig**t**
Plural	1. Person	– wir zeig**en**
	2. Person	– ihr zeig**t**
	3. Person	– sie zeig**en**

Übung 2

Setze im Text bei den Verben jeweils die fehlende Endung ein. Beachte, dass der Erzähler ein Geschehen darstellen will, das in der **Gegenwart** abläuft.

Tom Sawyer steh__ einem fremden Jungen gegenüber.

Die beiden seh____ sich zum ersten Mal hier.

Keiner der beiden sprich__ ein Wort.

Schließlich sag__ Tom: „Wie heiß__ du überhaupt?"

„Das geh__ dich einen Dreck an!", antwort____ der fremde Junge.

„Ich zeig__ dir gleich, was mich das angeh__ ."

„Warum zeig____ du es mir nicht sofort?"

„Wenn du noch länger red____ , zeig__ ich es dir."

Nach langem Hin-und-her-Reden komm__ es zwischen den beiden Jungen zu einer Balgerei.

Beim Verb unterscheidet man
- den Infinitiv (die Grundform) des Verbs, das ist die nicht gebeugte Form
  Beispiel: **gehen**
- die konjugierte (gebeugte) Form des Verbs
  Beispiel: Peter **geht** in die Schule

Die gebeugte Form kann Aufschluss darüber geben
- **wer** etwas tut (Beispiel: **Peter** geht.) – **Personalform**
- **wie viele** etwas tun (Beispiel: **Sie** gehen.) – **Anzahlform:** Singular oder Plural)
- **wann** etwas geschieht (Beispiele: er geht – Gegenwart; er ging – Vergangenheit) – **Zeitform**

Übung 3

Schreibe zu allen Verben der Übung 2 den Infinitiv (die Grundform) auf.

stehen,

Übung 4

Unterstreiche im folgenden Fantasiegedicht die Verben, es sind drei.
Schreibe sie heraus und setze ihren Infinitiv daneben.

Gruselett
Der Flügelflagel gaustert
durchs Wiruwaruwolz,
die rote Fingur plaustert,
und grausig gutzt der Golz.

Christian Morgenstern

Wenn Verben **wie Nomen** gebraucht werden

! Wenn Verben wie Nomen gebraucht werden, schreibt man sie groß.

Übung 5

Zoobesucher werden gebeten, das Füttern der Tiere zu unterlassen.

Im Klettern sind die Affen einsame Spitze!

Vorsicht! Das Streicheln der Tiere ist gefährlich.

Das Mitführen von Hunden ist im Zoogelände nicht gestattet.

Die Besucher werden gebeten, lautes Rufen zu unterlassen, damit die Vögel nicht beim Brüten gestört werden.

Ponyreiten! Das Reiten ist nur unter Aufsicht möglich.

Achtet beim Herumgehen auf die Hinweisschilder!

Das Betreten der Sicherheitszone vor den Käfigen ist strengstens untersagt! Lebensgefahr!

Bleibt beim Besichtigen der Aquarien etwas zusammen!

Unterstreiche alle Verben, die als Nomen gebraucht sind. Schreibe die Verben heraus, vor denen ein **bestimmter** Artikel steht. Es sind fünf:

1. ______________________ 2. ______________________

3. ______________________ 4. ______________________

5. ______________________

Bei anderen großgeschriebenen Verben ist der Artikel versteckt:
bei**m** = bei **dem**.
Schreibe die vier Beispiele heraus, löse dabei die Verkürzung auf:

1. im Klettern – in dem

2. ______________________ ______________________

3. ______________________ ______________________

4. ______________________ ______________________

Übung 6

Entwirf Verbotsschilder, in denen Verben großgeschrieben werden.
Schreibe und male sie auf ein Blatt.
Beispiel:

An diesem See darf man nicht angeln und rudern.
Im Vogelpark darf man die Wege nicht verlassen.
Im Zoo darf man keine Hunde mitführen.
Die kleinen Bären darf man nicht streicheln.
Die seltenen Papageien dürfen nur mit den Körnern aus dem Futterautomaten gefüttert werden.
Die Absperrungen zu den Tiergehegen dürfen nicht überschritten werden.
Auf den Felsen, die den Auslauf der Tiger absperren, darf nicht geklettert werden.

Übung 7

Entscheide: groß- oder kleingeschrieben?
Setze den am Rand angegebenen kleinen oder großen Buchstaben ein.

p/P Der Bus muss auf dem Busparkplatz vor dem Zoo ___arken.

e/E Beim ___inparken hätte der Busfahrer beinahe einen anderen Bus gerammt.

w/W Vor der Zookasse steht eine lange Warteschlange, sodass die ganze Klasse zehn Minuten ___arten muss.

w/W Das ___arten vor der Kasse stellt die Schülerinnen und Schüler auf eine Geduldsprobe.

h/H Beim ___ereingehen kauft der Lehrer einen Zooführer.

h/H Er fordert die Schüler auf, schnell durch die Sperre ___ereinzugehen.

Übung 8

Wie das Nomen kann auch das zum Nomen gewordene Verb ein Adjektiv (Eigenschaftswort) bei sich haben.
Setze die richtigen Buchstaben ein (Adjektiv klein, Nomen groß).

Das s chnelle R ingeln einer Schlange
macht ihn ganz und gar nicht bange.

Das __aute __rompeten des Elefanten
erinnert ihn an seine Tanten.

Das __chrille __chimpfen dieser Affen
macht ihm heute nichts zu schaffen.

Das __ustige __chlenkern mit dem Rüssel
zeigt ihm ein Elefant in Brüssel.

Das __aute __urren der Turteltauben
wird mir bald die Nerven rauben.

Das __ierige __ressen dieser Ziegen
lässt ihn langsam Hunger kriegen.

Verben sind „Zeitwörter“

Mit den **Tempusformen** (Zeitformen) **des Verbs** kann ich mich auf etwas beziehen

- was jetzt gerade passiert (Gegenwart) – das Verb steht im **Präsens** (in der Gegenwartsform): ich schreibe
- was bereits vorbei ist (Vergangenheit) – das Verb steht dann oft im **Präteritum** (in der Vergangenheitsform): ich schrieb
- was noch in der Zukunft geschehen wird (Zukunft) – das Verb steht dann oft im **Futur** (in der Zukunftsform): ich werde schreiben

Übung 1

Konjugiere das Verb *rufen* mit seinem Personalpronomen in der angegebenen Tempusform.

	Präsens	Präteritum	Futur
ich	rufe	rief	werde rufen
du	rufst	______	______
er/sie/es	______	______	______
wir	rufen	______	______
ihr	______	______	______
sie	______	______	______

Übung 2

Gebrauchsanweisungen schreibt man in der Tempusform **Präsens**.
Setze im folgenden Text den in Klammern gesetzten Infinitiv des Verbs (die Grundform) in die Präsensform. Vielleicht kannst du den Anfang des Textes fortsetzen.

Ich (erhitzen) ____________________ zwei Esslöffel Speiseöl oder Margarine in einem großen Topf. In das heiße Fett (geben) ________________ ich eine dünne Schicht Maiskörner (ca. 100 g bei einem 4-Liter-Topf). Ich (verschließen) ____________________ den Topf mit dem Deckel, (senken) ________________ die Hitze und (schütteln) ____________________ den Inhalt einige Male hin

und her ____

____

____

Übung 3

Setze die Infinitive der Verben (in der Klammer) in das **Präteritum** (die Vergangenheitsform). Schreibe den Anfang des Fantasie**märchens** weiter.

Vor langer, langer Zeit (leben) __________________ einmal im Lande Irgendwo

eine wunderschöne Prinzessin mit dem Namen Morgenschön, die (sein)

__________________ so wunderschön, dass selbst die Blumen und die Wolken

auf ihre Schönheit neidisch (sein) __________________ .Tagaus, tagein

(schauen) __________________ Prinzessin Morgenschön aus dem Fenster,

weil sie ihren Prinzen Reichhard (erwarten) ______________________

____

____

____

____

Übung 4

In dem folgenden Text sollen die Infinitive der Verben (in der Klammer) übertragen werden. Bedenke, dass der Erzähler ein vergangenes Ereignis darstellt; du musst also – wie im Beispiel – die **Vergangenheitsform** des Verbs bilden.

Anfangs (segeln) *segelten* __________ wir bei ruhigem Wetter und ruhiger See;

nur die Hitze (machen) ______________________ uns viel zu schaffen. Als wir

die Höhe von São Augustino (erreichen) ______________________ , (steuern)

______________________ der Kapitän seewärts, sodass wir die Küsten aus den

Augen (verlieren) __________________________ . Am zwölften Tag (passieren)

______________________ wir den Äquator. Die letzte Messung der Sonnenhöhe

(nehmen) __________________ wir auf sieben Grad zweiundzwanzig Minuten nördlicher Breite vor. Dann (überfallen) ______________________ uns plötzlich ein wütender Orkan, der die Brigg völlig aus dem Kurs (werfen) ______________________. Zuerst (heulen) ______________________ der Sturm aus Südost, dann (springen) ______________________ er nach Nordwesten über und (setzen) ______________________ sich schließlich im Nordosten fest. Von dort (rasen) ______________________ er mehrere Tage lang so furchtbar, dass wir nichts anderes tun (können) ______________________, als das Schiff auf gut Glück treiben zu lassen …

Übung 5

Die Wahrsagerin im Zirkus erzählt Lars etwas über seine Zukunft. Setze alle Infinitive der Verben (in der Klammer) in die Zeitform **Futur**. Achte darauf, dass diese Form aus zwei Teilen besteht. Erfinde eine Fortsetzung.

Du (haben) __________________ in der nächsten Woche viel Glück __________________.

Denn du (essen) __________________ mit einem dir bekannten Mädchen ein Eis __________________.

Du (schreiben) __________________ eine gute Arbeit __________________.

Deine Mutter (erhöhen) __________________ das Taschengeld __________________.

Mit deinen Eltern (haben) __________________ du ein schönes gemeinsames Erlebnis __________________.

____

____

Am **Ausdruck** arbeiten

Reportage über die Olympiade der Tiere

Hier meldet sich Dagobert Dussel aus dem großen Olympiastadion in Tieringen. Es ist jetzt genau 13.55 Uhr; in wenigen Minuten beginnt das Finale im 100-Meter-Lauf. Auf der Startbahn warten die großen Favoriten auf das Startsignal: Billy Bär, Leo Löwe, Donald Dackel, Schlami Schnecke. Billy Bär wirkt furchtbar nervös; Leo Löwe dagegen schaut völlig entspannt in die Runde; Donald Dackel wärmt sich noch einmal auf, indem er hektische Luftsprünge macht; Schlami Schnecke blickt konzentriert geradeaus. Nun nehmen alle Finalteilnehmer ihre Startplätze ein. Der Startschuss fällt, bei allen klappt der Start wie geschmiert.
Sie laufen los. Donald Dackel läuft wie ein Wilder, leider läuft er in die falsche Richtung. Leo Löwe läuft an die Spitze. Billy läuft nur einige Meter hinter ihm. Nur Schlami Schnecke läuft viel zu langsam. Donald Dackel ist bereits durchs Ziel gelaufen. Aber er ist eine Abkürzung gelaufen und wird dafür später disqualifiziert. Billy Bär läuft jetzt seinen Endspurt. Leo Löwe versucht schneller zu laufen. Es nutzt nichts; auf den letzten zehn Metern läuft ihm der Favorit Billy Bär davon. Die Siegerehrung erfolgt erst in einer Stunde, denn Schlami Schnecke läuft noch immer auf der Bahn. Die Bronzemedaille ist ihm sicher …

Übung 1

Diese Reportage ist sprachlich nicht ganz gelungen. So wird im zweiten Abschnitt zu häufig das Wort ***laufen*** gebraucht. Suche weitere Ausdrücke aus dem Wortfeld *laufen*.

rennen, rasen, trippeln,

Du kannst die Ausdrücke auch erweitern, schreibe weitere Möglichkeiten auf.

er setzt zum Endspurt an, er setzt sich mit großen Sprüngen an die Spitze, er rast los,

Übung 2

Überarbeite jetzt die Reportage, indem du den zweiten Teil neu auf ein Blatt oder am PC schreibst. Benutze dazu die Ausdrücke, die du gefunden hast.

Das **Präteritum** in Erzählungen

Wenn man eine Geschichte erzählt, wird das Geschehen in der Erzählzeit **Präteritum** (Vergangenheit) dargestellt.

Übung 1

In den folgenden Erzählungen hat sich jemand vertan und an einigen Stellen die Gegenwartsform gebraucht. Unterstreiche die entsprechenden Verben. Schreibe jetzt die Verbform im **Präteritum** (Vergangenheit) darüber. Achtung: Die **wörtliche Rede** darf in der Zeitform **Präsens** stehen!

Hodscha Nasreddin auf dem Markt

Eines Tages ging Hodscha Nasreddin, der türkische Eulenspiegel, auf den Markt. Er hört dort, wie ein Papagei für 250 Euro angeboten wurde. Nasreddin sieht das Tier und wundert sich über den hohen Preis. „Das ist ein ganz besonderer Vogel“, erklärt der Verkäufer, „nämlich ein sprechender Papagei.“ Am andern Morgen sah man Hodscha Nasreddin wieder auf dem Markt. Er bietet einen Truthahn an für 500 Euro. Da kam der Verkäufer des Papageis und fragt: „Wie kann dein Truthahn teurer sein als mein Papagei?“ „Dein Papagei spricht zwar“, antwortet der Hodscha, „aber mein Truthahn denkt nach, bevor er spricht.“

Übung 2

Korrigiere die folgenden Ausschnitte aus Schülererzählungen. Unterstreiche zunächst alle Verben; sie stehen im Präsens (in der Gegenwartsform). Übertrage sie danach ins **Präteritum** (in die Vergangenheitsform) und schreibe die korrigierten Fassungen auf ein Blatt. Die wörtliche Rede brauchst du natürlich nicht zu korrigieren.

Die fünfjährige Amy ist mit ihrer Mutter in die nahe Kreisstadt gefahren. Die beiden besuchen ein großes Kaufhaus in der Innenstadt. Dort herrscht ein großes Gedränge. „Du musst meine Hand festhalten“, sagt Mama noch. Doch plötzlich merkt Amelie, dass ihre Mutter nicht mehr da ist. Sie spürt ihre Hand nicht mehr …

Neulich bin ich allein zu Haus. Meine Eltern sind bei Bekannten eingeladen. Ich soll auf meinen kleinen Bruder Acht geben. Jakob schläft schnell ein, ich mache den Fernseher an. Es läuft ein ganz schauriger Film …

Am Abend geht Johanna noch einmal in den Garten. Es ist stockdunkel, nur die großen Tannen setzen sich wie große Schatten gegen den Himmel ab. Was ist das? Da schwebt etwas Grünes am Himmel. Es kommt immer näher, setzt den Garten in ein grelles und gleißendes Licht …

Übung 3

Die folgenden Textteile stellen Schlussteile aus Märchen dar. Setze an den gekennzeichneten Stellen jeweils ein passendes gebeugtes Verb in der Tempusform **Präteritum** ein. Die Infinitive helfen dir, das passende Wort zu finden.

… Und als er an den Brunnen __________________ und sich über das Wasser __________________ und trinken __________________, da __________________ ihn die schweren Steine hinein, und er __________________ jämmerlich ersaufen …

kommen
wollen
beugen
ziehen
müssen

… Als diese den Schneider also __________________, __________________ sie eine große Furcht, sie __________________, als wenn das wilde Heer hinter ihnen wäre, und keiner __________________ sich mehr an ihn wagen. Also __________________ und __________________ das Schneiderlein sein Leben lang ein König.

sehen
sein
bleiben
flüchten
erfassen
wollen

Das Adjektiv (Eigenschaftswort)

Adjektive werden **klein**geschrieben

Übung 1

Unterstreiche im folgenden Text die Adjektive und schreibe sie für jeden Satz heraus. Die Zahlen in der Klammer zeigen dir, wie viele Adjektive in jedem Satz enthalten sind.

1. MUSTANGS SIND WILDE PFERDE IN AMERIKA. (1)
2. IHR REICH IST DIE WEITE UND STEINIGE STEPPENLANDSCHAFT MIT HÜGELN IM WESTEN DER USA. (2)
3. MUSTANGS SIND WILDPFERDE AUS VERSCHIEDENEN PFERDERASSEN. (1)
4. SIE SIND KLEINE, ZÄHE UND GENÜGSAME TIERE. (3)
5. AUF DER SUCHE NACH WASSERSTELLEN MÜSSEN SIE OFT WEITE WEGE ZURÜCKLEGEN. (1)
6. IM SOMMER KÖNNEN SIE GROßE HITZE ERTRAGEN UND IM WINTER EISIGE KÄLTE. (2)
7. DIE FOHLEN WACHSEN BEI DIESEM HARTEN LEBEN LANGSAMER ALS UNSERE HAUSPFERDE. (2)
8. ERWACHSENE WILDPFERDE LEBEN IN GRUPPEN, DIE VON DEM STÄRKSTEN HENGST ANGEFÜHRT WERDEN. (2)

1. wilde, 2. ______________________________

____

____

____

____

!

Adjektive können unterschiedlich verwendet werden.

a) Ein Adjektiv kennzeichnet ein Lebewesen oder ein Ding genauer. Es wird dann mit einem Nomen gebeugt.
Beispiel: Die **eifrigen** Schülerinnen haben das Spiel eingeübt.

b) Es kennzeichnet eine Tätigkeit oder einen Vorgang genauer. Das Adjektiv wird nicht gebeugt.
Beispiel: Die Schülerinnen haben das Puppenspiel **eifrig** eingeübt.

Übung 2

Kennzeichne in der Klammer die Adjektive entsprechend mit a) oder b).

Wilde Mustangs
Die wilden (a) Mustangs werden nicht so groß wie unsere heimischen (   ) Pferde. Sie können schnell (   ) laufen und hören vorzüglich. Nachts können sie gut (   ) sehen. Der kräftige (   ) Leithengst sichert wachsam (   ) seine Gruppe. Er bewacht eifersüchtig (   ) seine Stuten.

Orang-Utans
Orang-Utans sind starke (   ) Tiere. Die Orang-Kinder leben lange (   ) Jahre eng (   ) mit ihrer Mutter zusammen. Die Menschenaffen sind anfangs scheu (   ) gegenüber Menschen. Ihre hohe (   ) Intelligenz verblüfft immer wieder die Tierverhaltensforscher.

Wenn Adjektive **wie Nomen** gebraucht werden

Übung 3

In unserer Klasse gibt es ganz unterschiedliche Typen. Ein Junge ist ausgesprochen brav, ein anderer besonders frech. Ein Mädchen ist überdurchschnittlich groß, ein Junge ist auffallend klein geraten. Ein Junge ist beim Staffellauf besonders schnell. Ein Mädchen hat ganz blonde Zöpfe, ein italienischer Junge fast schwarzes Haar.

Die unterstrichenen Wörter sind Adjektive (Eigenschaftswörter) und werden kleingeschrieben. Adjektive können zu Nomen (Namenwörtern) werden, wenn Eigenschaften oder Aussehen als besonders typisch dargestellt werden.
Bilde Nomen wie im Beispiel.

ein großes Mädchen – die Große

ein kleiner Junge –

Wenn Adjektive wie Nomen gebraucht werden, muss man sie **großschreiben**. Manchmal steht dann ein **Artikel** vor dem Adjektiv, manchmal könntest du einen Artikel davorsetzen.
Beispiel: Sie liebt (**das**) **Rot** ganz besonders.
Manchmal ist der Artikel auch versteckt (a**m** = an **dem**).

Übung 4

Setze richtig ein: groß- oder kleingeschrieben? Beachte: Wenn das Adjektiv eine Beifügung des Nomens ist, wird es kleingeschrieben.

Bei einem ___ehrtägigen Aufenthalt in der ___ahen Jugendherberge

könnte man das ___ngenehme mit dem ___ützlichen verbinden.

Das ___chönste im Jahr sind die ___roßen Ferien.

Ich erkenne meinen Freund schon von weitem an dem ___nalligen ___ot

seines Pullovers.

Das ___esondere am ___eutigen Tag ist, dass Anke ___eu in unsere Klasse

kommt.

Die ___eue wird schon von allen erwartet.

Zur Kontrolle:
Du weißt: Der Artikel gehört immer zum Nomen oder zu dem Wort, das zu einem Nomen geworden ist. Mache das durch einen Pfeil im Text oben deutlich.

Beispiel: Bei einem mehrtägigen Aufenthalt …

Du kannst auf diese Weise überprüfen, ob du die Adjektive richtig geschrieben hast.

Die folgende Regel für die Großschreibung von Adjektiven kennst du vielleicht bereits aus der Grundschule.

Adjektive werden großgeschrieben nach **Mengenangaben** wie:
nichts, wenig, etwas, viel, manches, mancherlei, alles, allerlei.

Übung 5

Bilde entsprechende Beispiele.

neu viel Neues

schön

gut

erfreulich

toll

besser

Übung 6

Hier ist bis auf die Satzanfänge alles kleingeschrieben. Schreibe auf und korrigiere. Du musst alle Nomen großschreiben und alle Adjektive, die zu Nomen geworden sind.

Auf der klassenfahrt haben wir viel interessantes gesehen. Alles wichtige werden wir nach der fahrt gemeinsam besprechen. Wir haben unterwegs auch mancherlei ärgerliches erlebt. Sonst lässt sich aus unserer klasse nicht viel neues berichten.

Mit **Adjektiven** Texte **genauer** machen

Mit Hilfe treffender Adjektive kannst du Aussehen bzw. Verhalten von Personen, Tieren, Gegenständen genau kennzeichnen und deine Texte dadurch anschaulicher und genauer machen.

Übung 1

lustig, geblümt
abgeschabt
hübsch, ernst
dunkelblau
fettig, kurz
auffallend
untersetzt
ärmellos
lustig
schneeweiß
strähnig, lockig
schlank, drahtig
sportlich
groß, elegant
klein, dicklich

Setze passende Adjektive ein. Achte auf die Endungen.

die schlanke, drahtige ______ Figur
die ______ Haare
der ______ Junge
das ______ Mädchen
die ______ Frau
der ______ Mann
das ______ Hemd
das ______ Fahrrad

Übung 2

In dem folgenden Text fehlen Adjektive. Ordne die Adjektive in der jeweiligen Klammer passenden Nomen im Satz zu. Schreibe den Text neu.
Beachte dabei: Adjektive müssen im Text gebeugt (dekliniert) werden.

Märchenmix

In einem Walde wohnten einmal in einer Holzhütte sieben Zwerge (riesig, alt, lustig). Diese machten sich eines Tages auf, um ihre Freundinnen Aschenputtel und Dornröschen in den Sieben Bergen zu besuchen (schön, beste). Unterwegs trafen sie vor einem Brunnen einen Frosch (seltsam). Dieser erzählte, er sei einmal vor einer Zeit ein Prinz gewesen und von einer Fee in einen Frosch verwandelt worden (lang, jung und reich, böse). Er warte hier auf die Königstochter, die ihn aus seiner Lage erlösen wolle (wunderschön, schrecklich). Der Frosch ließ sich überreden, mit ihnen zu kommen (verhext). Unterwegs traf die Gruppe ein Schneiderlein, das gerade in einem Kampf zwei Riesen besiegt und in einem Wald ein Einhorn gefangen hatte (eigenartig, schmächtig, gefährlich, mächtig, dunkel, wild) …

Wortbaustelle

Sicher kennst du inzwischen die Wortarten *Nomen, Verb* und *Adjektiv*. Du kannst diese Wortarten auch selbst bilden. Was du dazu brauchst, sind passende Vorsilben und Endungen.

Übung 1

Sortiere die folgenden Wörter nach Adjektiven (Eigenschaftswörtern), Verben (Tätigkeitswörtern), Nomen (Namenwörtern).

Gefieder, geräumig, Maus, singen, Wellensittich, huschen, lustig, Käfig, zwitschern, bunt, selten, laufen

Adjektive (4)	Verben (4)	Nomen (4)
______	______	______
______	______	______
______	______	______
______	______	______

Ob ein Wort **Adjektiv** ist und kleingeschrieben werden muss, erkennt man oft an der **Endsilbe**. Endsilben von Adjektiven sind zum Beispiel:
-ig **-lich** **-isch** **-bar** **-sam** **-haft** **-los**

Übung 2

Bilde mit den Nomen aus dem Kasten und den Endsilben von der vorigen Seite Adjektive und schreibe sie auf. Manchmal wird ein Buchstabe zugefügt oder weggelassen oder aus einem einfachen Vokal ein Umlaut.

das Herz, der Freund, das Vorbild, die Heimat, die Mode, das Mädchen, die Wahl, der Neid, der Rauch, das Kleid, der Friede, das Wunder, der Monat, die Furcht, der Dreck, die Person, der Schmutz, der Durst

herzlich

Ob ein Wort **Verb** ist und kleingeschrieben wird, erkennt man oft an der **Vorsilbe**, zum Beispiel an:

ent- **be-** **zer-** **er-** **ver-**

Übung 3

Bilde neue Verben mit den Verben aus dem Kasten und den Vorsilben und schreibe sie auf.

blühen, bauen, lehren, brennen, faulen, drehen, kennen, siegen, kleiden, kleben, brechen, schreiben, fliehen, arbeiten, fallen, falten

verblühen,

Auch **Nomen** kann man oft an ihren **Endungen** erkennen.
Dies sind typische Endungen für Nomen:
-keit **-heit** **-schaft** **-nis** **-in** **-tum** **-ung**

Übung 4

Bilde neue Nomen, setze jeweils den Artikel davor und unterstreiche die Nomen-Endung.

Alter – das Altertum
finster – ______
Lehrer – ______
krank – ______
verlegen – ______
Freund – ______
Schüler – ______
persönlich – ______
stellen – ______
sachlich – ______
wagen – ______
zerstreuen – ______

Konsonanten nach **kurzem** Vokal

!

1. Folgt auf einen kurzen betonten Vokal **ein** Konsonant, so wird dieser meist verdoppelt (Beispiel: H**all**e).
2. Folgen nach einem kurzen betonten Vokal **mehrere verschiedene** Konsonanten, so wird keiner verdoppelt (Beispiel: fl**ink**).

Übung 1

Ordne die Wörter nach den angegebenen Gesichtspunkten.

Tal, Robbe, Kehle, Kelle, Hüte, Mitte, kahl, Tonne, kennen, ~~Ton~~, dünn, Dunst, halten, ~~Geld~~, dann, kam, Kanne, Zinn, kalt, Wolke, Kante, ~~Fell~~, Halle, Dunst, flink

Nach kurzem Vokal folgt ein Konsonant. Dieser wird verdoppelt.	Nach kurzem Vokal folgen zwei Konsonanten. Es wird keiner von ihnen verdoppelt.	Nach langem Vokal wird ein folgender Konsonant nicht verdoppelt.
Fell	Geld	Ton

Übung 2

Warum wird bei den folgenden Wörtern der Konsonant verdoppelt?
Bilde zu den Verben den Infinitiv, dann siehst du es.
Kennzeichne den kurzen Vokal durch einen Punkt und den verdoppelten Konsonanten durch Einkreisen.

du kommst kommen

er nennt ____

wir könnten ____

sie misst ____

sie hassten ____

sie rannte ____

er lässt ____

Übung 3

Schreibe die Reimwörter auf.

Tanne

W____

K____

Keller

schn____

T____

Übung 4

Setze passende doppelte Konsonanten ein. Schreibe die Wörter auf.

P P
U A
BU [ ] [ ] ELN
WI [ ] [ ] ER
I E
N L
G N

F
B L
A A
SCHMU [ ] [ ] ELN
RO [ ] [ ] EN
E E
R

zwei Verben, zwei Nomen:

____

____

____

____

drei Nomen, ein Verb:

____

____

____

____

Test

Hier kannst du überprüfen, ob du bei der Schreibung der Konsonanten nach kurzem Vokal sicher bist.
Setze den oder die fehlenden Buchstaben ein: verdoppelter Konsonant oder einfacher Konsonant?

Münchhausen erzählt

Einmal ha___e ich wieder ein to___es Erlebnis. Bei einem Ausri____ wollte ich mit meinem ra____igen, schne___en Pferd über einen riesigen Sumpf setzen. Bevor ich am Ra___d abspra___g, fand ich den Sumpf lange nicht so breit wie während des Spru___gs. Wir kehrten aus diesem Grunde mi____en in der Lu___t um und landeten mit heiler Haut wieder auf dem re____enden Ufer. Aber auch beim zweiten A___lauf sanken wir nicht weit vom andern Ufer bis an den Ha___s in den Morast. Re___ungslos wären wir verloren gewesen, we____ ich mich nicht, ohne lange zu überlegen, mit der rechten Ha___d am eigenen Haarzopf aus dem Sumpf gezogen hä____e. Und nicht nur mich, sondern auch mein schne___es Pferd.
Es ist offenbar manchmal ganz nützlich, krä___tige Muskeln zu besitzen.

Wörter mit *ck* und *k*

Übung 1

Schreibe die dargestellten Wörter auf. Sie werden alle mit ***ck*** geschrieben.

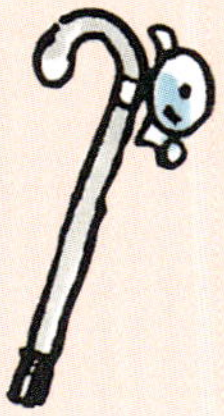

Sa __ __

St __ __ __

Da __ __ __ __

Schn __ __ __ __

D __ __ __ __

Str __ __ __ __ __ __ __ __ __ __

Übung 2

Sprich die folgenden Wörter deutlich. Achte dabei vor allem darauf, ob die **fett** gedruckten Buchstaben kurz oder lang gesprochen werden.
Kennzeichne bei den fett gedruckten Buchstaben die kurz gesprochenen Selbstlaute mit einem Punkt und die lang gesprochenen mit einer Linie.

p**au**ken	pfl**ü**cken	H**a**cke	L**o**cken
l**e**cker	B**ä**cker	L**u**ke	H**a**ken

!

Der k-Laut wird nach **kurz** ausgesprochenem Vokal mit ***ck*** geschrieben.
Nach **lang** ausgesprochenem Vokal wird ***k*** geschrieben.

Dies ist eine „Eselsbrücke", die man sich gut merken kann:
Nach *l, m, n, r,* das merke ja,
steht nie *ck*!

Übung 3

Setze die fehlenden Buchstaben ein: ***k*** oder ***ck***?

die Kran____heit	der Bal____en	du win____st
ich trin____e	wel____en	die Lü____e
sie wel____t	der Ro____	der Sto____
die Nel____e	die Perü____e	die He____e

Schüttelreim

„Was macht ihr mit der Fa____el dort?"
„Wir treiben unsern Da____el fort!"

Ver____ehrte Welt

Dun____el war's, der Mond schien helle,
schneebede____t die grüne Flur,
als ein Wagen blitzeschnelle
langsam um die E____e fuhr.

S-Laute: *s, ss, ß*

Deutlich sprechen, genau hinhören!

Übung 1

In allen diesen Wörtern stehen s-Laute.
Sprich die Wörter langsam und deutlich.

groß, die Kasse, die Musik, die Gräser, der Fluss, die Flüsse, der Besuch, rasen, das Messer, das Maß, die Blase, das Glas, die Wiese, das Wasser, das Los

In manchen Wörtern hört man ein weiches gesummtes (stimmhaftes) ***s***.
In anderen Wörtern hört man ein scharf ausgesprochenes, gezischtes (stimmloses) ***s***.
Ordne die Wörter in diese Liste ein:

gesprochen	gesummtes ***s***	gezischtes ***s***		
geschrieben	S/s	ss	ß	s
	rasen	Wasser	groß	Glas

Sprich und höre genau hin. Ordne ebenfalls in die Liste ein.

die Meise, der Gruß, der Hase, die Tasse, die Flosse, sehen, also, die Sonne, der Hass, süß, speisen, das Moos

Übung 2

Bilde Reimwörter. Sprich deutlich.

Meise	Tasse	speisen	Eis
leise	M	r	Gl
R	K	entgl	R
	Kl		

Gruß	Hass	Flosse
F	n	Gl
		R

Vier Hilfen für die s-Schreibung

Hilfe 1: Das gesummte ***s*** wird immer mit einfachem ***s*** geschrieben.

Übung 3

Unterstreiche im folgenden Text alle Wörter, die ein weiches, gesummtes ***s*** enthalten, und kreise dieses ***s*** ein wie im Beispiel.

Die süße Susi sah soeben ein riesiges Wiesel über die Wiese sausen.

Das Wiesel suchte sich hinter einem Felsen ein sonniges Plätzchen und

träumte selig mit sieben weiteren Wieseln in der Sommersonne.

Hilfe 2: Wird in einem Wort ein s-Laut gesummt, so werden auch verwandte Wörter mit einfachem ***s*** geschrieben.

Übung 4

Kreise mit roter Farbe die gesummt ausgesprochenen s-Laute ein und mit blauer Farbe die gezischt ausgesprochenen s-Laute. Du kannst natürlich auch zwei andere Farben nehmen.

das Häschen   er rast   der Preis

das Glas   der Hase   felsig   er las

sie reisen   lesen   die Gläser

der Fels   die Preise   er reist   rasen

Trage in die Tabelle die zusammengehörigen Wörter ein.

gesprochen	gesummtes ***s***	gezischtes ***s***
geschrieben	rasen	er rast

Übung 5

Leite die Schreibung des einfachen **s** ab und trage die Wörter mit den Ableitungen in die Tabelle ein. Du kannst dazu:

- bei Nomen den Plural bilden,
- bei Verben den Infinitiv bilden,
- ein anderes Wort der Wortfamilie suchen.

das Gleis   der Greis   das Haus   er raste

die Maus   er ist verreist   er bremst

die Blasmusik   das Glas

das Gänschen   er las   sie losten

	Plural bilden	Infinitiv bilden	ein anderes Wort der Wortfamilie suchen
er raste		rasen	der Raser
das Gleis	die Gleise		entgleisen

Übung 6

Bilde die Verkleinerungsform.

die Dose ______ das Döschen ______

die H ______ ______

der H ______ ______

die ______ ______

die ______ ______

Hilfe 3: Du schreibst ***ss***, wenn dem gezischt oder scharf ausgesprochenen ***s*** ein **kurzer** Vokal vorausgeht.

kurzer Vokal

Wa(ss)er — Flu(ss)

gezischt ausgesprochener **s**-Laut

Hilfe 4: Du schreibst ***ß***, wenn dem gezischt oder scharf ausgesprochenen **s**-Laut ein **langer** Vokal oder Umlaut vorausgeht.

langer Vokal

Stra(ß)e — Gru(ß) — flei(ß)ig — flie(ß)en

gezischt ausgesprochener **s**-Laut

Achte dabei auch auf Hilfe 2 (der Fels, die Felsen; das Glas, die Gläser).

Übung 7

Bilde den Plural.

der Gruß	–	die Grüße	der Fluss	–	die Flüsse
der Kloß	–	______	der Guss	–	______
der Spaß	–	______	die Nuss	–	______
das Maß	–	______	der Riss	–	______

Bilde den Singular.

die Flöße	–	das Floß	die Schüsse	–	______
die Füße	–	______	die Fässer	–	______
die Stöße	–	______	die Rosse	–	______
die Gefäße	–	______	die Schlösser	–	______

Übung 8

Trage jeweils die Singular-Form ein.

Plural	**Singular**
Pässe	Pass
Späße	______
Lose	______
Risse	______
Schüsse	______
Kreise	______
Schlösser	______
Zuflüsse	______
Häuser	______
Güsse	______
Läuse	______

Übung 9

Bilde aus Nomen verwandte Adjektive.

Nomen	Adjektive geschrieben: *ß* (nach langem Vokal oder Doppellaut)	geschrieben: *ss* (ein kurzer Vokal geht voraus)
die Blässe		blass
die Süße		
der Fleiß		
der Fluss		
der Hass		
der Spaß		
die Größe		
der Biss		

Übung 10

Bilde zu den Infinitiven die Verbformen wie im Beispiel angegeben.

Infinitiv	1. Person Singular	2. Person Singular	3. Person Singular	1. Person Plural
wissen	ich weiß	du weißt	er weiß	wir wissen
messen	______	du misst	______	______
lassen	______	______	______	______
müssen	______	______	______	______
pressen	______	______	______	______
essen	______	______	______	______

Übung 11

Schreibe die Infinitive auf, aus denen die Verbformen rechts gebildet wurden.

gießen	es gießt
______	er lässt
______	sie küsst
______	er vergisst
______	er misst
______	sie begrüßen
______	sie sprießt
______	er schließt
______	sie heißt

Test

Setze in den folgenden Witzen die **s**-Laute richtig ein.

„Stellen Sie __ich vor“, erzählt Herr Eiermann, „ich habe vier Freunde. Drei davon heißen __ommer, Herbst und Winter. Raten Sie mal, wie der Vierte hei__t!“ „Frühling, natürlich!“ „Nein, das ist ja gerade das Selt__ame: Der hei__t Meier.“

Zwei Dro__eln sehen zu, wie der Gärtner flei__ig den Blumen__amen in die Erde legt. „Dass dem das nicht langweilig wird“, __agt der eine Vogel, „jedes Jahr das gleiche Spiel: Er versteckt die Körner, und wir mü____en sie suchen.“

Eine Fliege lä__t ihren kleinen Sohn auf einer Glatze spazieren gehen. „Nein“, seufzt sie, „wie die Zeit vergeht. Als ich so gro__ war wie du, war hier nur ein schmaler Fu__weg.“

Das *h* und andere Längezeichen

Der **lang ausgesprochene Vokal** wird beim Schreiben unterschiedlich gekennzeichnet.

Möglichkeit 1: durch das Dehnungs-**h** (Beispiel: B**oh**ne)
Möglichkeit 2: durch Verdoppelung des lang ausgesprochenen Vokals (Beispiel: S**ee**)
Möglichkeit 3: ohne Dehnungszeichen durch den einfachen Vokal (Beispiel: Kam**e**l)

Übung 1

In den folgenden Unsinnsgedichten wird mit unterschiedlichen und lang ausgesprochenen Vokalen (Selbstlauten) gespielt. Sprich die kleinen Gedichte. Achte auf die gekennzeichneten Buchstaben.
Du musst die gekennzeichneten Vokale lang aussprechen.

Ein dicker W**a**l
sprach zum dünnen **Aa**l:
„Du hast ja keine W**ah**l,
bist und bleibst ganz k**ah**l.“

Ein Fischer zum **Aa**l:
„Nur dieses eine M**a**l
komm mit mir in den S**aa**l
zum leckeren M**ah**l ...“

„Komm her!“, sprach die F**ee**
am S**ee** zum R**eh**.
„Ich möchte dich etwas l**eh**ren,
dein Wissen sehr verm**eh**ren.“
Doch das R**eh** wollte ans M**ee**r,
gab sein Gepäck nicht m**eh**r h**e**r.
So lernte es niemals l**e**sen,
wäre ja auch ein seltsames R**eh** gew**e**sen.

Auf einem kleinen Boot, da kann man wohnen,
man lebt von Fischen oder Bohnen.
Man fährt von hier nach nirgendwo
und Wasser holen? – Sowieso.

Ein ganz normaler Schuh
paßt einfach keiner Kuh.
Ihr Huf macht ganz schnell Mus
aus deinem kleinen Fuß.
Doch eine Kuh will keine Schuhe.
Und jetzt lass mir meine Ruhe!

Ordne die entsprechenden Wörter in die folgende Tabelle ein.

ge-sprochen	[a]			[e]		
ge-schrieben	ah	aa	a	eh	ee	e
		Aal			See	

ge-sprochen	[o]			[u]	
ge-schrieben	oh	oo	o	uh	u
				Schuh	

Wörterversteck

O	S	O	H	N	K	F
H	R	H	O	H	N	U
R	S	R	D	U	B	V
O	K	O	H	L	E	D
T	J	M	O	O	S	K
Z	O	O	F	L	O	H

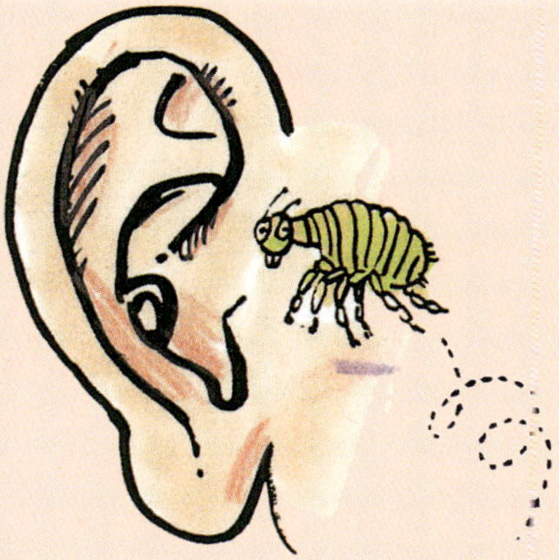

Suche Wörter mit lang ausgesprochenem [o] und schreibe sie auf.

Fünf Wörter mit ***oh***: ______________________________

____

____

Zwei Wörter mit ***oo***: ______________________________

Vier Wörter mit ***o***: ______________________________

____

R	Ü	H	R	E	N	T	U	B	E
U	L	B	Ü	H	N	E	K	U	L
H	G	E	F	Ü	H	L	F	B	G
M	K	D	O	T	V	W	X	E	U
F	R	Ü	H	U	D	F	L	U	T

Suche Wörter mit lang ausgesprochenem [u] oder [ü].

Fünf Wörter mit ***uh/üh***: ______________________________

____

____

Vier Wörter mit ***u***: ______________________________

____

Kommasetzung

Kommas machen Sätze **verständlich**

Übung 1

In dem folgenden Text fehlen Kommas. Setze sie so, dass Missverständnisse ausgeschlossen werden und ein sinnvoller Text entsteht.
Tipp: Es hilft dir, wenn du laut liest, denn Kommas markieren **Sprechpausen**.

Mutter kocht das Mittagessen und das Baby
versorgt der Vater ein Paar Handschuhe
strickt Oma die Zeitung
liest der Großvater die Autorennbahn
beschäftigt den kleinen Peter bereits seit einer Stunde.

Hühner wollen gackern und krähen
wollen die Hähne und Katzen wollen
miauen und Mäuse fangen die Hunde
wollen bellen und herumlaufen.

Das Komma bei **Aufzählungen**

Aufzählungen von Wörtern oder Wortgruppen werden durch ein Komma getrennt. Vor ***und*** und ***oder*** steht aber kein Komma.

Beispiele:

Komma ↓ kein Komma ↓

a) Die Schüler spielen , lesen und lernen.

Komma ↓ kein Komma ↓

b) Mirja , Toni und Murat sind befreundet.

Übung 2

Schreibe aus den Beispielsätzen die Wörter auf, die aufgezählt werden.

a) ____________________ , ____________________ und ____________________

b) ____________________ , ____________________ und ____________________

Übung 3

Unterstreiche in den folgenden Sätzen jeweils die Wörter und Wortgruppen, die aufgezählt werden.

Sven, Phil und Karim gehen zusammen zum Sportplatz.

Britta und Till wollen heute Morgen basteln, malen, lesen und schwimmen.

Soll ich jetzt arbeiten, etwas essen oder faulenzen?

Übung 4

Setze in den folgenden Sätzen die Kommas richtig ein. Es sind drei Kommas.

Der Obstverkäufer bietet preiswerte Pfirsiche dunkelrote Kirschen und zuckersüße Weintrauben an.

Miriam geht an den Ständen entlang vergleicht die Preise prüft die Ware und kauft danach für ihre Mutter ein.

Übung 5

Schreibe die Sätze auf. Trenne die Aufzählungen durch ein Komma.

1. klettern	2. Tiger
springen	Löwen
Grimassen schneiden	Bären
eine Banane schälen	Panther

1. Affen können ______________________

____

____

2. ______________________

______________________ sind Raubtiere.

Das Komma bei **Einschüben**

Einschübe werden durch Kommas vom übrigen Satz abgetrennt.

Übung 6

In der linken Spalte siehst du einzelne Sätze. Die Kennzeichnungen im Buch sollen richtig in diese Sätze eingeschoben werden.
Schreibe die neuen Sätze auf.

Beispiel:
Sherlock Holmes, der berühmte Detektiv, bleibt dem Täter auf der Spur.

Sherlock Holmes bleibt dem Täter auf der Spur.

Eulenspiegel hält immer wieder die Leute zum Narren.

Münchhausen erlebt auf seinen Reisen die tollsten Abenteuer.

Pippi Langstrumpf lehrt manche eingebildete Erwachsene das Fürchten.

Asterix findet immer wieder einen Ausweg.

Obelix ist ein Liebhaber von Hinkelsteinen und Wildschweinen.

Das Komma **zwischen** Hauptsatz und Gliedsatz

Der **Hauptsatz** (Basissatz) und der **Gliedsatz** (Nebensatz) werden immer durch ein **Komma** getrennt.

Ein Gliedsatz wird oft durch Wörter wie ***weil, dass, als, ob, nachdem*** eingeleitet.

Hauptsatz	**Gliedsatz**
Maxie will heute schwimmen,	weil die Sonne scheint.
Felix weiß nicht,	ob er mitkommen soll.

Übung 7

Stelle die beiden Beispielsätze so um, dass der Gliedsatz vorn steht. Beachte, dass die Komma-Regel auch dann gilt.

Weil ______________________________ ,
will M ______________________________
Ob ______________________________ ,
weiß F ______________________________

Kennzeichne den Hauptsatz durch Unterstreichen und den Gliedsatz durch eine Wellenlinie.

Übung 8

Kennzeichne auch bei den folgenden Sätzen den **Hauptsatz** und den **Gliedsatz**. Setze danach die **Kommas**.

Felix ist sich nicht ganz sicher ob es gleich regnet.

Nachdem er seine Sachen gepackt hat kommt er schließlich doch mit.

Weil es schön warm ist haben die beiden Freunde viel Spaß.

Redezeichen bei der wörtlichen Rede

Übung 1

Begleitsatz	Wörtliche Rede
Der Rennstallbesitzer fragt seinen Jockey:	Müssen Sie immer der Letzte sein?
Der Jockey antwortet:	Aber ich musste doch beim Pferd bleiben.

In diesem Witz fehlen die Zeichen für die wörtliche Rede.
Kennzeichne die wörtliche Rede durch Anführungsstriche vorne und hinten.

Im Begleitsatz oder der Redeerklärung tritt immer ein Wort des Sagens auf.
Kennzeichne diese beiden Verben in den Beispielen oben.

In der folgenden Zusammenstellung werden verschiedene Möglichkeiten für die **Stellung des Begleitsatzes** gezeigt. Dieser kann mal **vorn** und mal **hinten** im Satz stehen.

Die wörtliche Rede kann dabei eine unterschiedliche Form haben. Sie kann zum Beispiel eine Aussage oder eine Frage sein. Sie kann aber auch eine Aufforderung oder einen Wunsch zum Ausdruck bringen oder auch ein Ausruf sein.

1. Begleitsatz vorn

Begleitsatz	Wörtliche Rede	
1 a ____________________	: „- - - - - - - - - - - - - .“	(Aussagesatz)
1 b ____________________	: „- - - - - - - - - - - - - ?“	(Fragesatz)
1 c ____________________	: „- - - - - - - - - - - - - !“	(Aufforderungssatz/ Wunschsatz/Ausruf)

2. Begleitsatz hinten

Wörtliche Rede	Begleitsatz
2 a „- - - - - - - - - - - - - “,	____________________
2 b „- - - - - - - - - - - - - ?“,	____________________
2 c „- - - - - - - - - - - - - !“,	____________________

Übung 2

Schau dir noch einmal die beiden Sätze von Übung 1 an.
Wo steht der Begleitsatz? Welche Satzart hat die wörtliche Rede?
Schreibe jetzt die beiden Sätze um. Stelle den Begleitsatz nach hinten.
Orientiere dich an der Zusammenstellung (2 a und 2 b).

„Müssen Sie immer ______________________________

____

„Aber ich musste ______________________________

____

Hast du die Kommas richtig gesetzt?

Übung 3

Setze die passenden **Redezeichen** ein. Schreibe in die Felder rechts die entsprechende Kennzeichnung aus der Zusammenstellung (zum Beispiel: 1 a).

„ Lass das! “ , bemerkt Udo . — 2 a

Kommst du mit zum Schwimmen ? , fragt Verena .

Lothar stöhnt : Wenn doch schon Ferien wären !

Peter fragt : Hast du Mathe verstanden ?

So ein Pech ! , ruft Marita vor Enttäuschung .

Mutter bemerkt : Gestern war schönes Wetter .

Udo hat heute schlechte Laune , sagt Lars .

Hallo, Bianca ! , grüßt die Lehrerin im Vorbeigehen .

Halt ! , ruft der Tankwart .

3. Begleitsatz in der Mitte

Wörtliche Rede	Begleitsatz	Wörtliche Rede
3 a „ ____________“,	____________ ,	„ ____________.“
3 b„ ____________“,	____________ ,	„ ____________?“
3 c„ ____________“,	____________ ,	„ ____________!“

Übung 4

Unterstreiche in dem folgenden Witz zunächst alle Begleitsätze. Kennzeichne danach mit einer gestrichelten Linie die wörtliche Rede. In welchem Satz steht der Begleitsatz in der Mitte? Setze die fehlenden Zeichen. Orientiere dich an den Zusammenstellungen 2 und 3.

Zwei Glühwürmchen treffen sich im Park.

Ich hab's eilig, denn ich muss schnell zum Augenarzt,

sagt das eine Glühwürmchen.

Hast du denn schlechte Augen? ,

fragt das andere.

Gestern erzählt da das erste

habe ich doch tatsächlich versucht,

eine brennende Zigarette zu küssen.

Eine Erzählung **lebendig** machen

Wenn man die Personen in einer Erzählung sprechen lässt, wirkt das besonders lebendig und anschaulich. Man kann sich dann die Personen besser vorstellen.

Übung 1

Schreibe die folgende Erzählung neu auf. Versuche die farbig gedruckten Passagen durch eine wörtliche Rede mit etwa gleichem Inhalt zu ersetzen. Überlege dabei jeweils, ob du den Redebegleitsatz nach vorn, nach hinten oder in die Mitte setzt. Sinnvoll ist es sicher auch, dabei zu wechseln.

Da habe ich nicht aufgepasst!

Es war ungefähr vor einem Jahr. Am Nachmittag bekam meine Mutter ganz plötzlich Besuch von zwei alten Freundinnen. Meine Mutter bat mich, ich solle mal eben in den Ort fahren und ein paar Stücke Kuchen holen. Ich nahm mir etwas Geld aus Mamas Portmonee und fuhr sofort mit dem Fahrrad los. Meine Freundin Lilo, die direkt in der Nachbarschaft wohnt, stand vor der Garage und rief mir noch zu, dass morgen Mathe ausfallen würde. Im Vorbeifahren drehte ich mich um und rief zurück, das sei ja super. Und dann hörte ich Lilo auch schon schreien, ich solle aufpassen, da komme einer ... Ich blickte nach vorn und fuhr fast auf der linken Straßenseite. Was war los? In Sekundenschnelle sah und hörte ich auch den Grund für Lilos Warnschreie. Ein Mopedfahrer kam mit einem Affenzahn auf mich zugerast. Ich versuchte, den Lenker herumzuwerfen, sah auch noch, wie der Mopedfahrer sein Moped zur Seite riss. Er rief dann noch, ich solle doch aufpassen.

Und da war es schon passiert. Ein Krachen und ein stechender Schmerz im Arm, ein dumpfer Schlag am Kopf. Ich greife ins Leere, höre noch meinen eigenen Aufschrei. Dann wusste ich von nichts mehr. Als ich wieder zu mir kam, beugte sich meine Mutter über mich, streichelte mir das Gesicht und flüsterte immer wieder, was ich denn gemacht hätte und ob ich Schmerzen hätte. Ich stotterte, dass mein Arm so wehtue und auch mein Kopf ... Jetzt sah ich auch die anderen Menschen: Lilo und die Freundinnen von Mama.

Ein Krankenwagen brachte mich ins Krankenhaus. Ich hatte den Arm gebrochen und ein paar Prellungen am Kopf abbekommen. Nach zwei Tagen war ich wieder zu Hause. Ich nahm mir vor, demnächst beim Fahrradfahren besser aufzupassen.

Nicht immer nur „sagen“

Übung 1

In Geschichten wirkt es langweilig, wenn du die wörtliche Rede immer nur mit dem Wort ***sagen*** einleitest. Ergänze die folgende Liste mit anderen Ausdrücken zum Wortfeld ***sagen***.

meinen, antworten, sprechen, stottern, anflehen ____________

____

Übung 2

Ersetze in den folgenden Geschichten von Maus und Elefant das Wort ***sagen*** durch andere Ausdrücke und schreibe die Geschichten neu auf ein Blatt oder am PC. Du kannst das Wort ***sagen*** natürlich auch mal stehen lassen.

Maus und Elefant gehen zusammen zum Schwimmbad. Der Elefant bleibt plötzlich stehen. „Was hast du denn?“, sagt die Maus. Der Elefant sagt: „Verflixt noch mal, ich habe schon wieder meine Badehose vergessen.“ Beruhigend sagt daraufhin die Maus: „Ich habe zwei Badehosen dabei; ich leihe dir eine.“

Ein Elefant kommt in eine Konditorei und sagt: „Ich möchte gerne Rumkugeln.“ „Aber nicht hier im Laden!“, sagt daraufhin die Verkäuferin entsetzt.

Übung 3

Setze in die Lücken passende Ausdrücke aus dem Wortfeld ***sagen*** ein.
Verwende die Zeitform **Präteritum**.

Da ______________________ das Gespenst ganz leise und geheimnisvoll seltsame Worte.

Als Pauline sich beim Zuschlagen der Tür einen Finger einklemmte, ______________________ sie vor Schmerzen.

„Wirf mir doch bitte mal den Fahrradschlüssel herunter!“, ________________ Marja ihrer Mutter zu, die auf dem Balkon stand.

Tim ____________________ Karla: „Kommst du heute mit zum Schwimmen?“

„Heute geht es kaum“, ______________________ Karla, „aber morgen gerne!“

Satzglieder – die **Bausteine** des Satzes

Umstellprobe:
Satzglieder kann man umstellen: Was beim Umstellen zusammenbleibt, ist ein Satzglied.
Ein Satzglied kann aus einem Wort oder aus mehreren Wörtern bestehen.

Übung 1

Er	übt	seit Wochen	an einem Zaubertrick	.
Seit Wochen	übt	er	an einem Zaubertrick	.
				.
				?

Die eingerahmten Teile im Satz sind die Satzglieder. Trage die noch fehlenden Möglichkeiten in die leeren Kästen ein.

Übung 2

Stelle den folgenden Satz noch zweimal um. Male Kästchen um die Satzglieder.

Felix Fröhlich besucht heute die Zirkusvorstellung .

____

____

Übung 3

Hier hat jemand falsch umgestellt. Schreibe jeweils eine richtige Möglichkeit auf und kennzeichne die Satzglieder durch einen Kasten.

Der Zaubermeister beweist große Geschicklichkeit von Kaninchen beim Wegzaubern.

____

____

Wildgewordene Zirkusdirektorin beißt überraschte Nilpferddame.

Ein bunter Papagei munter hüpft aus dem großen Zylinderhut.

Ein Clown beweist großen Mut von Löwen bei der Dressur.

!

Ersatzprobe:
Satzglieder kann man durch andere Ausdrücke ersetzen.

Beispiel:	**Der Clown**	verpatzt	den Zaubertrick.
	↓		
	Er	verpatzt	den Zaubertrick.

Das Satzglied **Der Clown** (Artikel und Nomen) ist durch das Satzglied **Er** (Personalpronomen) ersetzt worden.

Übung 4

Ersetze jetzt auch die anderen beiden Satzglieder aus dem Beispielsatz durch einen anderen Ausdruck. Nutze dazu passende Ausdrücke aus dem Kasten.

ihn, sie, er, ich, wir, schafft, verfälscht, gießt, verbessert

Übung 5

Kennzeichne die Satzglieder der beiden folgenden Sätze durch Kästen. Wenn du Schwierigkeiten hast, kannst du zur Kontrolle die Umstellprobe machen. Ersetze in den beiden Sätzen jeweils ein Satzglied durch einen anderen Ausdruck.

Die Clowns rennen um die Wette.

Der große Zaubermeister überrascht seine Zuschauer mit einem sensationellen Zaubertrick.

Geschichten verbessern

Mit Hilfe der **Umstellprobe** und der **Ersatzprobe** kannst du Geschichten überarbeiten. Die Proben findest du auf den vorigen Seiten 83 und 84 erklärt.

Übung 1

Maus und Elefant machen eines Tages eine Wanderung.
Maus und Elefant machen unterwegs ein Picknick.
Die Maus schnürt ihren Rucksack auf.
Die Maus nimmt ein Weizenkorn aus ihrem Rucksack.
Der Elefant hat sein Frühstück vergessen.
Der Elefant schaut die Maus hungrig an.
Daraufhin meint die Maus großzügig zum Elefanten:
„Willst du mal beißen?"

Diese Geschichte ist nicht ganz gelungen, das machen die rot gekennzeichneten Satzglieder deutlich. Wende zur Überarbeitung die beiden Satzproben an.

- **Umstellprobe:** Stelle einzelne Satzglieder um, damit nicht in allen Sätzen das gleiche Satzglied am Anfang steht.
- **Ersatzprobe:** Ersetze einzelne Satzglieder durch andere Ausdrücke. (Beispiele: sie, er, die beiden), damit die Geschichte abwechslungsreicher wird und nicht jeder Satz die gleichen Ausdrücke enthält.

Schreibe die überarbeitete Geschichte auf ein Blatt oder am PC. Du kannst verschiedene Möglichkeiten ausprobieren.

Übung 2

Verbessere auch die folgenden Geschichten von Maus und Elefant, nutze dazu **Umstellprobe** und **Ersatzprobe**.

Riesenwellen
Die Maus schwimmt mit dem Elefanten durch einen breiten Fluss.
Die Maus schwimmt neben dem Elefanten.
Die Maus sagt schließlich zum Elefanten:
„Wir beide machen vielleicht große Wellen, was?"

Die Sonnenbrille
Die Maus und der Elefant sind gute Freunde. An einem schönen Sommertag gehen die Maus und der Elefant zusammen spazieren. Da stellt der Elefant fest: „Ich habe meine Sonnenbrille vergessen." Das Mäuschen schaut den Elefanten treuherzig an. Das Mäuschen meint schließlich: „Soll ich dir meine Brille leihen?"

Satzglieder spielen im Satz bestimmte **Rollen**

Das Satzglied **Subjekt** (der Satzgegenstand)

Das Satzglied **Subjekt** (Satzgegenstand) gibt Antwort auf folgende **Fragen**:
Wer oder **was** tut etwas? **Wer** oder **was** ist etwas?
Das Satzglied **Subjekt** kann aus einem Wort oder aus mehreren Wörtern bestehen. Beispiele: **Der Junge** spielt.
Der kleine Junge spielt.
Er spielt.

Übung 1

Gesucht wird ein **Subjekt**: Wer oder was ?

Füge jeweils ein passendes Subjekt von unten in die Sätze ein.

__________ fasst mehrere hundert Zuschauer.

__________ schwingt in atemberaubender Höhe unter der Zirkuskuppel hin und her.

__________ steht schon bereit.

Doch wo bleibt __________ ?

__________ tänzelt anmutig über das dünne Seil.

das große Zirkuszelt
der Bär die Trapezkünstlerin
das Podest für die Bärennummer
die Seiltänzerin

Übung 2

Zeichne um das **Subjekt** einen Kasten und schreibe die passende Frage (**wer?** oder **was?**) darüber.

Die Kinder begrüßen den Clown mit stürmischem Beifall.

Das Podest ist für die Elefantennummer bestimmt.

In der kurzen Pause wird eine riesige Reckstange aufgebaut.

Die Trapezkünstler konzentrieren sich auf den Höhepunkt ihrer Darbietung.

Das begeisterte Klatschen der Zuschauer belohnt

die Darbietung eines jungen Artisten.

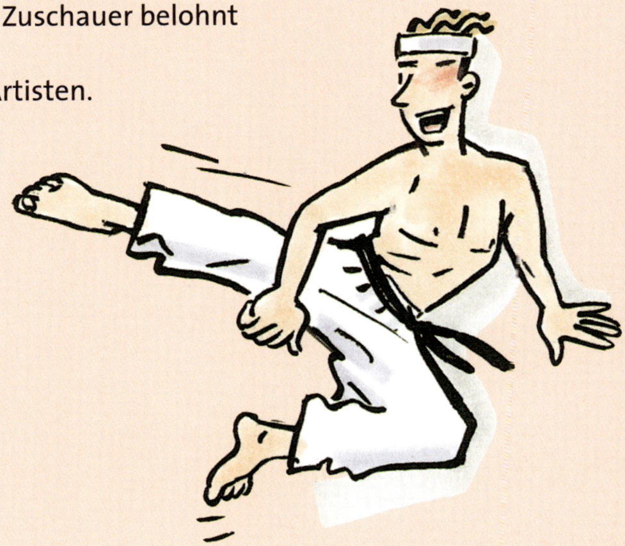

!

Für das Satzglied **Subjekt** gilt immer:
- Es steht im **Nominativ** (1. Fall). Fragen: Wer? Was?
- Es enthält ein **Nomen oder Pronomen**. (Das Nomen kann auch einen Artikel und/oder ein Adjektiv als **Begleiter** haben.)

Übung 3

Ersetze zweimal das Subjekt.

Der Junge träumt.

________________ träumt.

________________ träumt.

Das Satzglied **Prädikat** (die Satzaussage)

!

Das Satzglied **Prädikat** gibt Antwort auf die Fragen:
Was **tut jemand**?
Was **ist**?
Was **geschieht**?

Übung 4

arbeiten
holen
jonglieren

In den Sätzen fehlt jeweils das Satzglied **Prädikat**.
Setze ein passendes Prädikat ein.
Beachte: Du musst aus den Infinitiven die passende gebeugte Form bilden (Tempusform **Präsens**).

Der Zauberer [ ] aus seinem Zylinder am laufenden Band weiße Kaninchen und Tauben.

Fünf kleine Mädchen aus China [ ] im gleichen Rhythmus mit Tellern und Ringen.

Der Raubtierdompteur [ ] in atemberaubender Weise mit einer gemischten Raubtiergruppe aus Löwen, Panthern und Tigern.

Übung 5

vorführen
begrüßen
eilen
spielen
beginnen

Setze auch bei den folgenden Sätzen ein **Prädikat** ein.

Die Zirkusvorstellung [ ] gerade.

Der Zirkusdirektor [ ] die Zuschauer.

Die Kapelle [ ] einen lauten Tusch.

Eine Gruppe von Jongleuren [ ] mit rasanter Schnelligkeit in die Manege.

Sie [führen] mit Ringen und Tellern schwierige Kunststücke [vor].

Für das Satzglied **Prädikat** gilt immer

- Es ist ein **Verb** beteiligt.
- Das Verb ist mit dem Subjekt in besonderer Weise verbunden (durch **Personalform** und **Anzahlform**).
  Beispiel: Die Jung**en** träum**en**.

Übung 6

Kennzeichne in den Sätzen der Übungen 4 und 5 die Satzglieder **Subjekt** und **Prädikat**, indem du über das Subjekt ein **S** und über das Prädikat ein **P** schreibst. Beachte dazu die folgenden Hinweise und Beispiele.

Jeder grammatisch vollständige **Satz** enthält wenigstens **Subjekt** und **Prädikat**.

Beispiele:

S	P	
Der Junge	hustet.	
S	**P**	
Er	schenkt	ihm ein Buch.

Manchmal besteht das Satzglied **Prädikat** aus zwei Teilen. Man spricht dann von **Prädikatsklammer**.

Beispiel: Sven **läuft** ihm **weg**.

Übung 7

Bilde mit Hilfe der Wörter in den Säcken zehn Sätze und schreibe sie auf ein Blatt oder am PC. Kennzeichne die Satzglieder **Subjekt** und **Prädikat** durch Kästen und schreibe **S** bzw. **P** darüber.

Subjekt
Boris
Sie
Es
Der Sheriff
Der Dieb
Die Maus
Der Elefant
Sie
Er
Svenja

Prädikat
hereinkommen
husten
regnen
erfreuen
gehören
überlisten
sein
schenken
verhaften
entkommen
sich erinnern
ansagen

das Programm
der Freundin
Schüler und Lehrer
ein Buch
ihm
den Fuchs
ihr
den Gangster
der Polizei
der kleinen Maus
schön

Das Satzglied **Objekt** (die Ergänzung)

Die Satzaussage (das Prädikat) erfordert im Satz oft ein weiteres Satzglied.
Es heißt **Ergänzung** (lateinisch: **Objekt**).
Die Ergänzung kann im **3. Fall (Dativ)** stehen **(Dativobjekt)**.
Sie antwortet dann auf die Frage **wem?**

Beispiel: Maxie hilft [dem Lernfuchs].

[Wem] hilft Maxie? Antwort: [Dem Lernfuchs].

Die Ergänzung kann im **4. Fall (Akkusativ)** stehen **(Akkusativobjekt)**.
Sie antwortet dann auf die Frage **wen?** oder **was?**

Beispiel: Maxie bewundert [den Zaubermeister].

[Wen] bewundert Maxie? Antwort: [Den Zaubermeister].

Übung 8

Kennzeichne in den folgenden Sätzen das Satzglied **Objekt** durch einen Kasten. Entscheide mit Hilfe der Fragen, ob es sich um ein **Dativobjekt (DO)** oder ein **Akkusativobjekt (AO)** handelt. Schreibe die entsprechende Abkürzung dazu.

DO

Der Dompteur hilft dem Clown.

Pia bewundert den Zauberkünstler.

Der Zauberer zeigt den Kindern einen Zaubertrick.

Das Satzglied Objekt kann auch im **2. Fall** stehen **(Frage: wessen?)**. Dieser Fall wird aber im Alltag weniger häufig gebraucht.

Übung 9

Kennzeichne im folgenden Satz das **Genitivobjekt (GO)**. Schreibe die Frage darüber.

Der Zirkusdirektor nimmt sich des kleinen Tigers an.

Das Satzglied Objekt kann auch eine **Präposition** (an, auf, hinter, in, ...) haben. Es heißt dann **präpositionales Objekt (PO)**. (Fragen: **auf wen?**, **auf was?**, **an wen?**, **mit wem?**, ...)

Übung 10

Kennzeichne in den folgenden Sätzen das **präpositionale Objekt (PO)**. Schreibe die entsprechende Frage darüber.

Der Artist achtet auf den Absprung.

Der Clown denkt immer nur an seinen Schabernack.

Verben und ihre Objekte (Ergänzungen)

Übung 1

In den folgenden Sätzen erfordern die Verben ein bestimmtes **Objekt**. Setze aus dem Kasten jeweils ein passendes Satzglied in der Rolle des Objekts ein. Achte dabei besonders auf die Bildung des richtigen **Kasus**.

der Beginn des Theaterstücks

Carina

das Kind

er

sie

du

der Bus

mein Klassenkamerad

zwei Euro

ihre kranke Mutter

Wem? (Dativ)

Der Mann begegnet ______.

Wen? Was? (Akkusativ)

Lisa besucht ______.

Wem? (Dativ)

Martin hilft ______.

(Dativ)

Ich schulde ______

(Akkusativ)

______.

Auf wen? Auf was? (Präposition mit Akkusativ)

Die Schüler warten auf ______

______.

Übung 2

Mit der „Satzmaschine" rechts kann man Sätze mit einer unterschiedlichen Anzahl von Objekten bilden. Dabei musst du vor allem auf das Prädikat achten. Auf Seite 94 kannst du Lösungssätze eintragen.

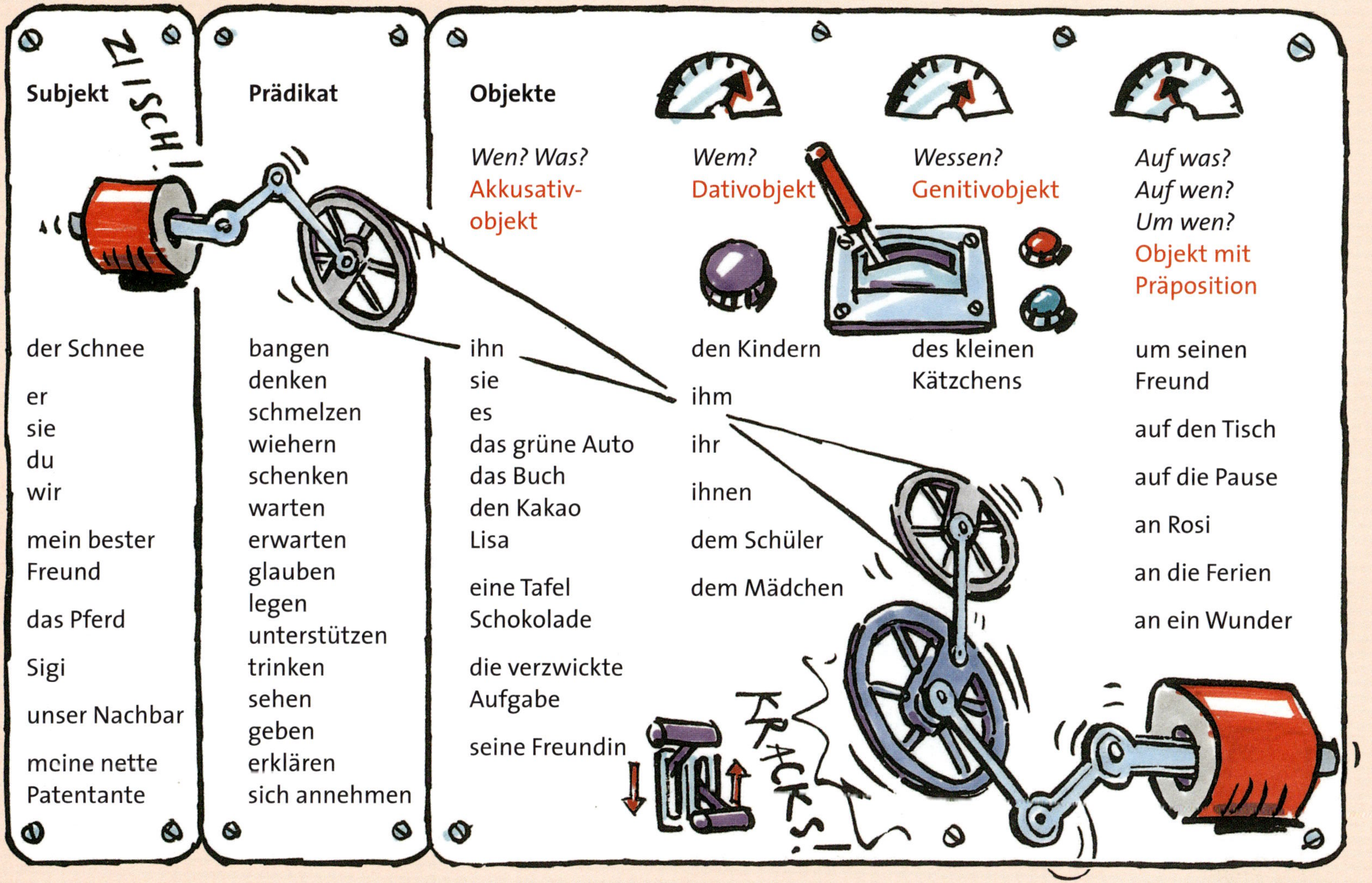

Subjekt	Prädikat	Objekte: *Wen? Was?* Akkusativobjekt	*Wem?* Dativobjekt	*Wessen?* Genitivobjekt	*Auf was? Auf wen? Um wen?* Objekt mit Präposition
der Schnee	bangen	ihn	den Kindern	des kleinen Kätzchens	um seinen Freund
er	denken	sie	ihm		auf den Tisch
sie	schmelzen	es	ihr		auf die Pause
du	wiehern	das grüne Auto	ihnen		an Rosi
wir	schenken	das Buch	dem Schüler		an die Ferien
mein bester Freund	warten	den Kakao	dem Mädchen		an ein Wunder
das Pferd	erwarten	Lisa			
Sigi	glauben	eine Tafel Schokolade			
unser Nachbar	legen	die verzwickte Aufgabe			
mcine nette Patentante	unterstützen	seine Freundin			
	trinken				
	sehen				
	geben				
	erklären				
	sich annehmen				

Bilde jeweils einen Satz nach folgenden Satzmustern:

Subjekt | Prädikat

Subjekt | Prädikat | Akkusativobjekt

Subjekt | Prädikat | Dativobjekt

Subjekt | Prädikat | Dativobjekt | Akkusativobjekt

Subjekt | Prädikat | Objekt mit Präposition

Subjekt | Prädikat | Akkusativobjekt | Objekt mit Präposition

Übung 3

Kennzeichne in den folgenden Sätzen zunächst das **Prädikat** durch einen Kasten. Kennzeichne danach die **Objekte**; bezeichne sie, indem du ihre Abkürzungen darüberschreibst: Akkusativobjekt = **AO**, Dativobjekt = **DO**, Objekt mit Präposition = **PO**.

Die Schildbürger

DO

Die Schildbürger glauben dem Schweinehirten.

Er beharrt auf einem dreieckigen Rathaus.

Schließlich bauen die Baumeister die drei Mauern.